わくわくポスター　英語 ⭐6年

JN104460

ポー

♪p01

soccer
サッカー

basketball
バスケットボール

Japanese
国語

English
英語

math
算数

social studies
社会科

badminton
バドミントン

baseball
野球

music
音楽

science
理科

volleyball
バレーボール

table tennis
卓球

P.E.
体育

♪p03

swim
泳ぐ

enjoy
楽しむ

skate
スケートをする

ski
スキーをする

dance
踊る

eat
食べる

1st 2nd 3rd 4th 5th 6th 7th 8th 9th 10th 11th 12th 13th 14th 15th 16th 17th 18th 19

ツ・職業・動作・日付

教科書ワーク

astronaut
宇宙飛行士

baker
パン焼き職人

pilot
パイロット

doctor
医者

pianist
ピアニスト

comedian
お笑い芸人

singer
歌手

florist
生花店の店員

farmer
農場主

fire fighter
消防士

police officer
警察官

tennis player
テニス選手

bus driver
バスの運転手

visit 訪問する

study 勉強する

cook 料理をする

buy 買う

clean そうじをする

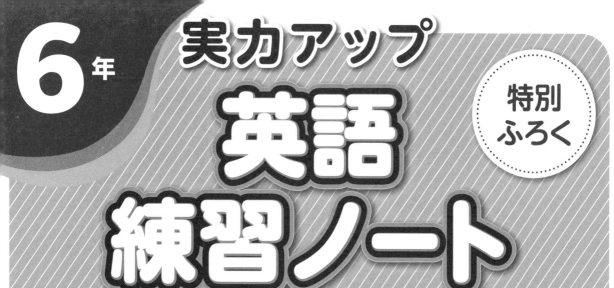

6年

実力アップ

英語 練習ノート

ふろく英語カードの練習ができる！

年	組	名前

1 職業 ①

📛 読みながらなぞって、もう1回書きましょう。

①
artist
芸術家

artist

artist

②
astronaut
宇宙飛行士

astronaut

o ではなく a だよ。

③
carpenter
大工

carpenter

a ではなく e だよ。

④
comedian
お笑い芸人

comedian

⑤
dentist
歯医者

dentist

dentist

2 職業 ②

📖 読みながらなぞって、もう1回書きましょう。

⑥

flight attendant

間をあけるよ。

flight attendant
客室乗務員

⑦

musician

musician
ミュージシャン、音楽家

⑧

cook

oを2つ重ねるよ。

cook

cook
料理人、コック

⑨

pianist

pianist

pianist
ピアニスト

⑩

scientist

aではなくcだよ。

scientist
科学者

3 職業 ③

📖 読みながらなぞって、もう1回書きましょう。

⑪

soccer player

┄┄┄ a ではなく o だよ。

soccer player
サッカー選手

⑫

vet

vet

vet
獣医

⑬

writer

┄┄┄ w から始まるよ。

writer

writer
作家

⑭

zookeeper

zookeeper
動物園の飼育員

4 身の回りの物 ①

✤ 読みながらなぞって、もう 1 回書きましょう。

⑮

bat
バット

bat

bat

⑯

eraser
消しゴム

eraser

eraser

⑰

glasses
めがね

glasses

------ s を 2 つ重ねるよ。

glasses

⑱

ink
インク

ink

ink

5 身の回りの物 ②

読みながらなぞって、もう1回書きましょう。

⑲

magnet
じしゃく
磁石

magnet

magnet

⑳

pencil sharpener

えんぴつけずり

pencil sharpener

┈┈ s ではなく c だよ。

㉑

present

プレゼント

present

┈┈ z ではなく s だよ。

present

㉒

racket

ラケット

racket

racket

6 身の回りの物 ③

📖 読みながらなぞって、もう1回書きましょう。

㉓

soccer ball
サッカーボール

soccer ball

㉔

stapler

------ a ではなく e だよ。

stapler
ホッチキス

stapler

㉕

smartphone

smartphone
スマートフォン

㉖

umbrella

------ l を2つ重ねるよ。

umbrella
かさ

7 スポーツ

😺 読みながらなぞって、もう1回書きましょう。

㉗

gymnastics
たいそう
体操

gymnastics

┄┄┄ i ではなく y だよ。

㉘

rugby
ラグビー

rugby

rugby

㉙

surfing
サーフィン

surfing

┄┄┄ a ではなく u だよ。

surfing

㉚

tennis
テニス

tennis

tennis

㉛

wrestling
レスリング

wrestling

8 食べ物・飲み物 ①

📛 読みながらなぞって、もう1回書きましょう。

③

food

食べ物

food

food

③

drink

飲み物

drink

drink

③

dessert

デザート

dessert

↑ ------ sを2つ重ねるよ。

dessert

③

menu

メニュー

menu

menu

③

omelet

オムレツ

omelet

↑ ------ rではなくlだよ。

omelet

9 食べ物・飲み物 ②

読みながらなぞって、もう1回書きましょう。

③⑦

nut
ナッツ、木の実

nut

a ではなく u だよ。

nut

③⑧

broccoli
ブロッコリー

broccoli

broccoli

③⑨

pumpkin

n ではなく m だよ。

pumpkin
カボチャ

pumpkin

④⓪

yogurt

yogurt
ヨーグルト

yogurt

④①

jam

jam
ジャム

jam

10 食べ物・飲み物 ③

🟦 読みながらなぞって、もう1回書きましょう。

㊷

pudding

pudding
プリン

pudding

------ dを2つ重ねるよ。

㊸

donut

donut
ドーナツ

donut

㊹

cookie

cookie
クッキー

cookie

㊺

shaved ice

shaved ice
かき氷

------ sではなくcだよ。

㊻

green tea

green tea
緑茶

 **11** 自然 ①

🌸 読みながらなぞって、もう1回書きましょう。

⑰

mountain
山

mountain

------ e ではなく a だよ。

⑱

sea
海

sea

------ a で終わるよ。

sea

⑲

river
川

river

river

⑳

lake
湖

lake

lake

㉑

beach
浜辺

beach

------ a をわすれずに！

beach

12 自然 ②

読みながらなぞって、もう１回書きましょう。

(52)
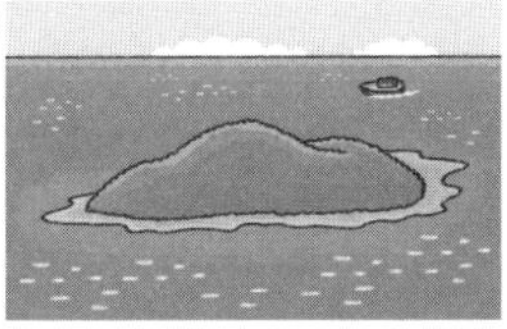

island

島

island

s をわすれずに！

island

(53)
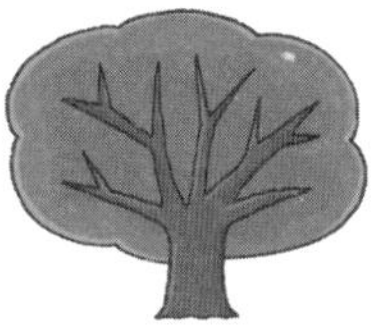

tree

木

tree

tree

(54)
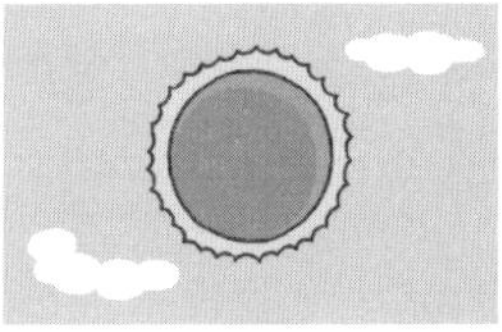

sun

太陽

sun

a ではなく u だよ。

sun

(55)
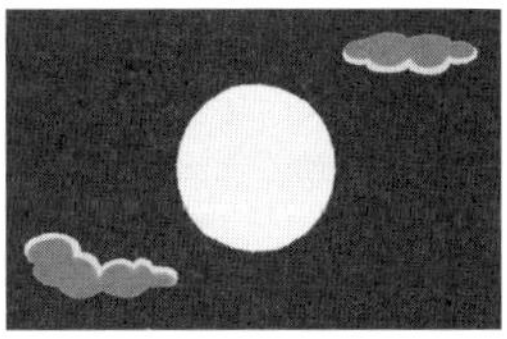

moon

月

moon

moon

(56)

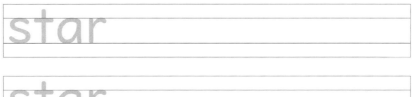

star

星

star

star

13 自然 ③ / 動物 ①

🟦 読みながらなぞって、もう1回書きましょう。

⑤⑦
rainbow
にじ

rainbow

rainbow

⑤⑧
giraffe
キリン

giraffe

‥‥‥ fを2つ重ねるよ。

giraffe

⑤⑨
goat
ヤギ

goat

goat

⑥⓪
koala
コアラ

koala

koala

⑥①
penguin
ペンギン

penguin

‥‥‥ uをわすれずに！

penguin

14 動物 ②

🎀 読みながらなぞって、もう 1 回書きましょう。

⑥62

sea turtle

ウミガメ

sea turtle

┈┈┈ a ではなく u だよ。

⑥63

whale

クジラ

whale

whale

⑥64

wolf

オオカミ

wolf

wolf

⑥65

zebra

シマウマ

zebra

zebra

⑥66

ant

アリ

ant

ant

15 動物 ③ / 学校行事 ①

📖 読みながらなぞって、もう1回書きましょう。

⑥⑦

butterfly

チョウ

butterfly

┈┈┈ t を2つ重ねるよ。

⑥⑧

frog

カエル

frog

frog

⑥⑨

entrance ceremony

入学式

entrance ceremony

┈┈┈ s ではなく c だよ。

⑦⓪

sports day

運動会

sports day

⑦①

school trip

修学旅行

school trip

16 学校行事 ②

読みながらなぞって、もう1回書きましょう。

⑦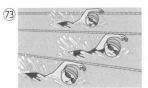

chorus contest

合唱コンクール

chorus contest

⑦

swimming meet

水泳競技会

swimming meet

⑦

drama festival

学芸会

drama festival

⑦

music festival

音楽祭

music festival

----- k ではなく c だよ。

⑦

field trip

遠足、社会科見学

field trip

----- e をわすれずに！

17 学校行事 ③ / 日本文化 ①

❇ 読みながらなぞって、もう1回書きましょう。

⑦

marathon

マラソン

marathon

┄┄┄ s ではなく th だよ。

⑦⑧

volunteer day

ボランティアの日

volunteer day

⑦⑨

graduation ceremony

卒業式

graduation ceremony

⑧⓪

cherry blossom

桜(の花)

cherry blossom

┄┄┄ s を2つ重ねるよ。

⑧①

fireworks

花火

fireworks

fireworks

18 日本文化 ② / 施設・建物 ①

🪷 **読みながらなぞって、もう１回書きましょう。**

�82

festival
祭り

festival

festival

⑧③

hot spring
おんせん
温泉

hot spring

⑧④

town
町

town
┈┈┄ α ではなく o だよ。

town

⑧⑤

bookstore
書店

bookstore
┈┈┄ o を２つ重ねるよ。

⑧⑥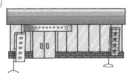

convenience store
コンビニエンスストア

convenience store

19 施設・建物 ②
しせつ

📖 読みながらなぞって、もう1回書きましょう。

⑧⑦

department store
デパート

⑧⑧

movie theater
えいが
映画館

movie theater

‥‥‥‥ s ではなく th だよ。

⑧⑨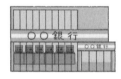

bank

bank

bank
銀行

bank

⑨⓪

bakery

‥‥‥‥ a ではなく e だよ。

bakery
パン店

bakery

⑨①

factory

factory
工場

factory

20 施設・建物 ③

しせつ

🔷 読みながらなぞって、もう1回書きましょう。

⑨²

amusement park

amusement park
遊園地

⑨³
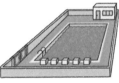
aquarium

aquarium
水族館

↑------ k ではなく q だよ。

⑨⁴

swimming pool

swimming pool
プール

↑------ m を2つ重ねるよ。

⑨⁵

stadium

stadium

stadium
スタジアム

⑨⁶
zoo

zoo

zoo
動物園

21 施設・建物 ④

📛 読みながらなぞって、もう1回書きましょう。

⑨⑦

castle
城

------ t をわすれずに！

castle

⑨⑧

temple
寺

temple

temple

⑨⑨

shrine
神社

shrine

shrine

⑩⑩

garden
庭

garden

garden

⑩①

bridge
橋

bridge

------ d をわすれずに！

bridge

22 様子や状態を表すことば ①

読みながらなぞって、もう1回書きましょう。

⑩2

delicious
とてもおいしい

delicious

---

⑩3

exciting
わくわくさせる

exciting

┈┈┈ s ではなく c だよ。

exciting

---

⑩4

fun
楽しいこと

fun

┈┈┈ a ではなく u だよ。

fun

---

⑩5

interesting
おもしろい

interesting

---

⑩6

wonderful
すばらしい、おどろくべき

wonderful

23 様子や状態を表すことば ②

読みながらなぞって、もう１回書きましょう。

107

beautiful

美しい

beautiful

108

brave

勇敢（ゆうかん）な

brave

brave

109

funny

おかしい

funny

a ではなく u だよ。

funny

110

popular

人気のある

popular

r ではなく l だよ。

popular

111

cute

かわいい

cute

cute

24 様子や状態を表すことば ③

❀ 読みながらなぞって、もう1回書きましょう。

⑫

scary
こわい

scary

scary

⑬

thirsty
のどがかわいた

thirsty

← ------ th で始まるよ。

thirsty

⑭
high
高い

high

← ------ g をわすれずに！

high

⑮
tall
（背が）高い

tall

tall

25 味

読みながらなぞって、もう1回書きましょう。

⑯

sweet
あまい

sweet

↑
······ e を2つ重ねるよ。

sweet

⑰

bitter
苦い

bitter

↑
······ t を2つ重ねるよ。

bitter

⑱

sour
すっぱい

sour

sour

⑲

salty
塩からい

salty

salty

⑳

spicy
からい、ぴりっとした

spicy

↑
······ s ではなく c だよ。

spicy

26 動作・活動を表すことば ①

読みながらなぞって、もう1回書きましょう。

⑫

camping
キャンプ

↑------ n ではなく m だよ。

camping

⑫

hiking
ハイキング

hiking

⑫

shopping
買い物

shopping
↑------ p を2つ重ねるよ。

⑫

fishing
魚つり

fishing

fishing

⑫

enjoy
楽しむ

enjoy

enjoy

●勉強した日　　月　　日

27 動作・活動を表すことば ②

❀ 読みながらなぞって、もう１回書きましょう。

⑫⑥

訪問する

⑫⑦

o ではなく a だよ。

話す

⑫⑧

a をわすれずに！

読む

⑫⑨

教える

⑬⓪

勉強する

28 動作・活動を表すことば ③

📖 読みながらなぞって、もう1回書きましょう。

⑬

draw
絵をかく

draw

draw

⑬

run fast
速く走る

run fast

run fast

⑬

jump rope
縄とびをする

jump rope

┄┄┄┄ a ではなく u だよ。

⑬

play soccer
サッカーをする

play soccer

29 動作・活動を表すことば ④ / 日課 ①

❀ 読みながらなぞって、もう1回書きましょう。

(135)

play the piano

ピアノをひく

play the piano

(136)

ride a unicycle

一輪車に乗る

ride a unicycle

←------ i ではなく y だよ。

(137)

wash my face

顔をあらう

wash my face

(138)

brush my teeth

歯をみがく

brush my teeth

←------ e を2つ重ねるよ。

30 日課 ②

読みながらなぞって、もう1回書きましょう。

⑬

eat breakfast

eat breakfast

朝食を食べる

⑭

eat lunch

┄┄┄ a ではなく u だよ。

eat lunch

昼食を食べる

⑭

eat dinner

┄┄┄ n を2つ重ねるよ。

eat dinner

夕食を食べる

⑭

walk my dog

walk my dog

イヌを散歩させる

⑭

get the newspaper

get the newspaper

新聞を取る

31 日課 ③

読みながらなぞって、もう1回書きましょう。

(144)

take out the garbage

take out the garbage
ごみを出す

(145)

clean my room

clean my room
部屋のそうじをする

(146)

set the table

‥‥‥ e ではなく a だよ。

set the table
食卓の準備をする

(147)

wash the dishes

wash the dishes
皿をあらう

(148)

clean the bath

‥‥‥ a をわすれずに！

clean the bath
風呂のそうじをする

使い方

①切りはなして、リングなどでとじます。
②音声に続けて言いましょう。音声はこちらから聞くことができます。

③日本語を見て英語を言いましょう。
英語が言えたら
覚えて何回も書けたら
かんぺきだと思ったら
それぞれのアイコンを丸で囲みましょう。

---

1 芸術家

2 宇宙飛行士

3 大工

4 お笑い芸人

5 歯医者

6 客室乗務員

7 ミュージシャン、音楽家

8 料理人、コック

9 ピアニスト

10 科学者

11 サッカー選手

12 獣医

13

14

15

16

教科書ワーク 英語 6年
付録 単語カード 1～79

裏面の英語を見て、
日本語を言えるかな?

付録のスピーキングアプリを
いっしょに使って、
発音の練習もしてみよう!

教科書ワーク 英語 6年 単語カード 80～156

♪ c01
1
artist

♪ c01
2
astronaut

♪ c01
3
carpenter

♪ c01
4
comedian

♪ c01
5
dentist

♪ c01
6
flight attendant

♪ c01
7
musician

♪ c01
8
cook

chef とも言うよ。cook には
「料理をする」という意味もあるよ。

♪ c01
9
pianist

♪ c01
10
scientist

♪ c01
11
soccer player

♪ c01
12
vet

♪ c01
13
writer

write は「書く」という
音声ャ...

♪ c01
14
zookeeper

zoo keeper と2語で
表すこともあるよ。

♪ c02
15
bat

♪ c02
16
eraser

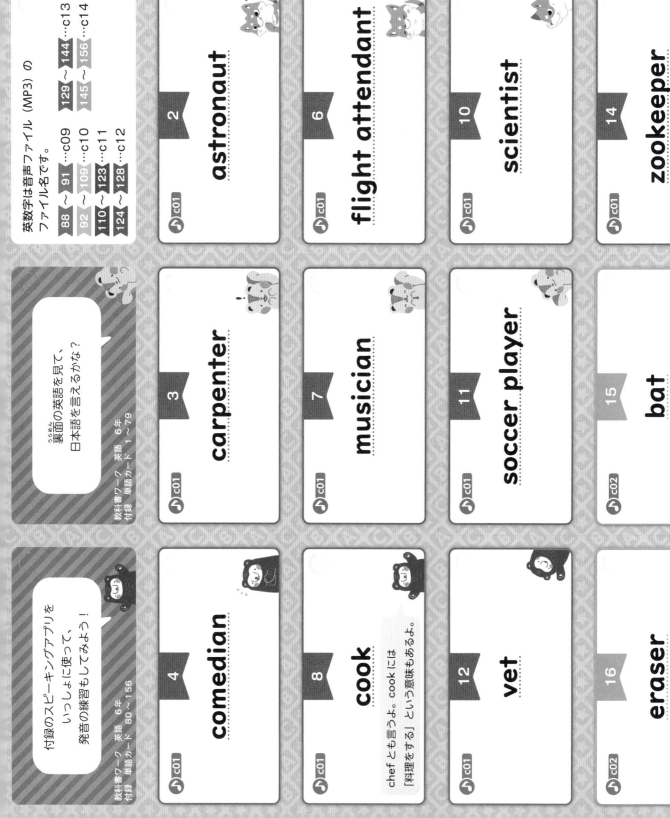

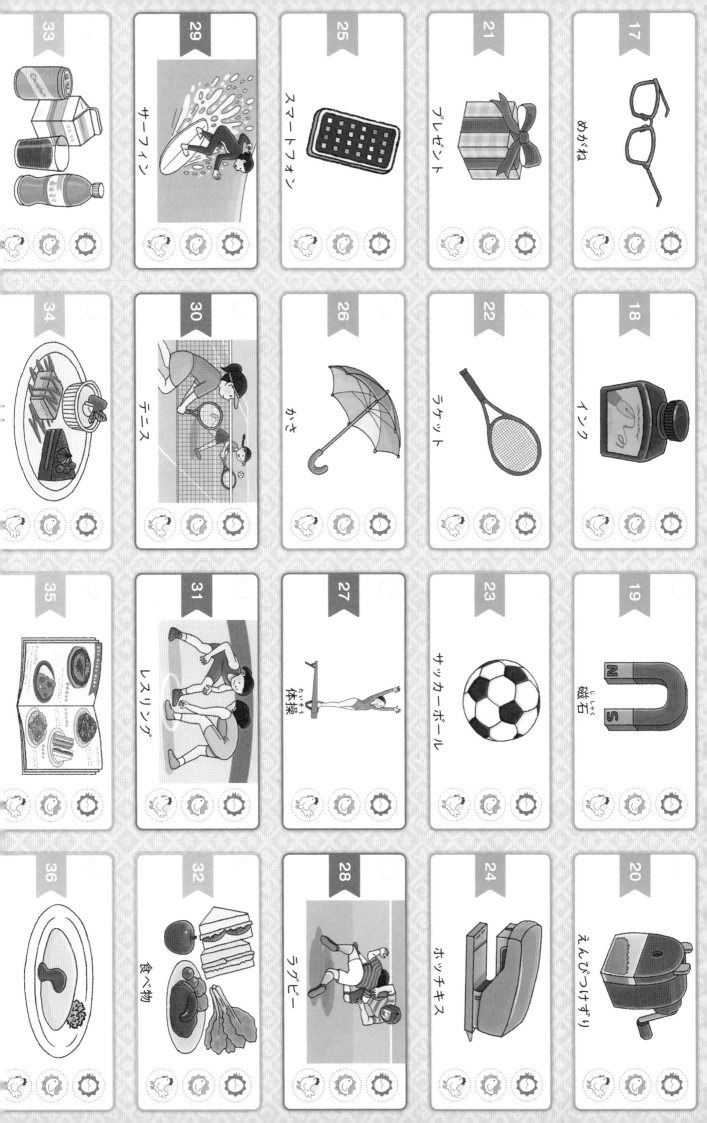

17 めがね

18 インク

19 磁石（じしゃく）

20 えんぴつけずり

21 プレゼント

22 ラケット

23 サッカーボール

24 ホッチキス

25 スマートフォン

26 かさ

27 体操（たいそう）

28 ラグビー

29 サーフィン

30 テニス

31 レスリング

32 食べ物

33

34

35

36

17 glasses ♪ c02	18 ink ♪ c02	19 magnet ♪ c02	20 pencil sharpener ♪ c02
21 present ♪ c02	22 racket ♪ c02	23 soccer ball ♪ c02	24 stapler ♪ c02
25 smartphone phoneは「電話」という意味だよ。 ♪ c02	26 umbrella ♪ c02	27 gymnastics ♪ c03	28 rugby ♪ c03
29 surfing ♪ c03	30 tennis ♪ c03	31 wrestling ♪ c03	32 food ♪ c04
33 drink ♪ c04	34 dessert ♪ c04	35 menu ♪ c04	36 omelet ♪ c04

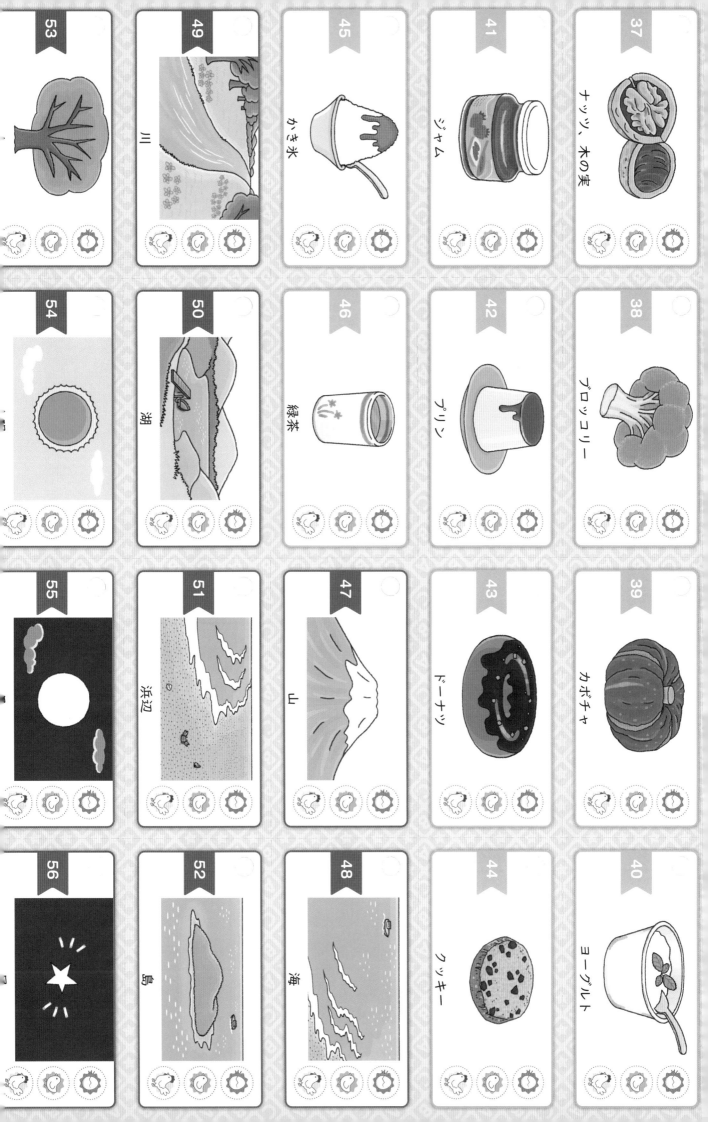

53

49 川

45 かき氷

41 ジャム

37 ナッツ、木の実

54

50 湖

46 緑茶

42 プリン

38 ブロッコリー

55

51 浜辺

47 山

43 ドーナツ

39 カボチャ

56

52 島

48 海

44 クッキー

40 ヨーグルト

No.	Audio	Word	Note
37	c04	nut	
38	c04	broccoli	
39	c04	pumpkin	
40	c04	yogurt	
41	c04	jam	
42	c04	pudding	
43	c04	donut	
44	c04	cookie	
45	c04	shaved ice	snow cone という言い方もあるよ。
46	c04	green tea	tea だけだとふつう紅茶（こうちゃ）をさすよ。
47	c05	mountain	
48	c05	sea	
49	c05	river	
50	c05	lake	
51	c05	beach	
52	c05	island	発音に注意しよう。 s は発音しないよ。
53	c05	tree	
54	c05	sun	
55	c05	moon	「満月」は full moon と言うよ。
56	c05	star	

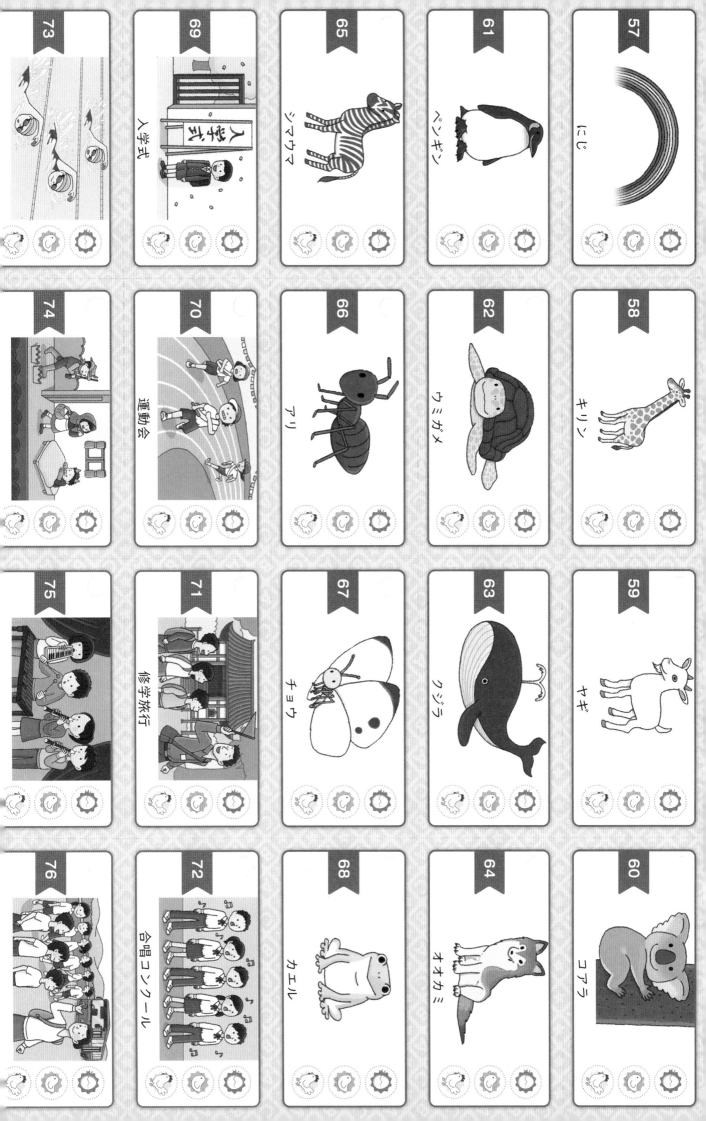

57 にじ

58 キリン

59 ヤギ

60 コアラ

61 ペンギン

62 ウミガメ

63 クジラ

64 オオカミ

65 シマウマ

66 アリ

67 チョウ

68 カエル

69 入学式

70 運動会

71 修学旅行

72 合唱コンクール

73

74

75

76

🎵 c05 57 **rainbow**	🎵 c06 61 **penguin**	🎵 c06 65 **zebra**	🎵 c07 69 **entrance ceremony** entrance は「入口」という意味もあるよ。	🎵 c07 73 **swimming meet** swim meet という言い方もあるよ

rainbow 57 🎵c05

giraffe 58 🎵c06

goat 59 🎵c06

koala 60 🎵c06

penguin 61 🎵c06

sea turtle 62 🎵c06
turtle は「カメ」という意味だよ。

whale 63 🎵c06

wolf 64 🎵c06
2ひき以上は wolves だよ。

zebra 65 🎵c06

ant 66 🎵c06

butterfly 67 🎵c06
2ひき以上は butterflies だよ。

frog 68 🎵c06

entrance ceremony 69 🎵c07
entrance は「入口」という意味もあるよ。

sports day 70 🎵c07
sports festival という言い方もあるよ。

school trip 71 🎵c07

chorus contest 72 🎵c07

swimming meet 73 🎵c07
swim meet という言い方もあるよ

drama festival 74 🎵c07

music festival 75 🎵c07
school concert という言い方もあるよ

field trip 76 🎵c07

93 ○○書店	89 花火	85 ロシア	81 ブラジル	77 マラソン
94	90 祭り	86 スペイン	82 エジプト	78 ボランティアの日
95	91 温泉（おんせん）	87 イギリス	83 イタリア	79 卒業式
96	92 町	88 桜（の花）	84 韓国（かんこく）	80 オーストラリア

♪ c07 — 77 — **marathon**

♪ c07 — 78 — **volunteer day**

♪ c07 — 79 — **graduation ceremony**
graduation day と
いう言い方もあるよ。

c08 — 80 — **Australia**

♪ c08 — 81 — **Brazil**

♪ c08 — 82 — **Egypt**

♪ c08 — 83 — **Italy**

c08 — 84 — **Korea**
South Korea という
言い方もあるよ。

♪ c08 — 85 — **Russia**

♪ c08 — 86 — **Spain**

♪ c08 — 87 — **the U.K.**
the United Kingdom
を短くした言い方だよ。

♪ c09 — 88 — **cherry blossom**

♪ c09 — 89 — **fireworks**

♪ c09 — 90 — **festival**

♪ c09 — 91 — **hot spring**

♪ c09 — 92 — **town**
似たものに city（市，都市）
があるよ。

♪ c10 — 93 — **bookstore**

♪ c10 — 94 — **convenience store**

♪ c10 — 95 — **department store**

♪ c10 — 96 — **movie theater**
theater は「劇場」と
いう意味だよ。

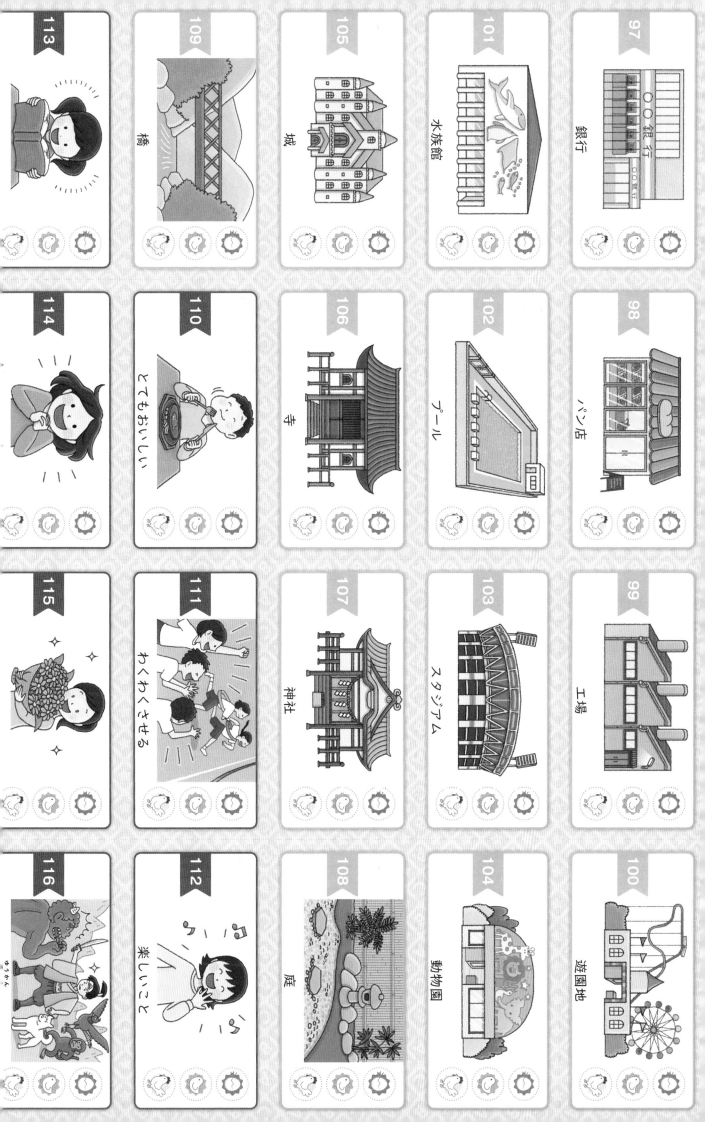

97 銀行
○○銀行

98 パン店

99 工場

100 遊園地

101 水族館

102 プール

103 スタジアム

104 動物園

105 城

106 寺

107 神社

108 庭

109 橋

110 とてもおいしい

111 わくわくさせる

112 楽しいこと

113

114

115

116 ゆうかん

97 bank

98 bakery

99 factory

100 amusement park

101 aquarium

102 swimming pool

swimmimg は「水泳」
という意味だよ。

103 stadium

104 zoo

105 castle

発音に注意しよう。
t は発音しないよ。

106 temple

107 shrine

108 garden

109 bridge

110 delicious

111 exciting

112 fun

113 interesting

114 wonderful

115 beautiful

116 brave

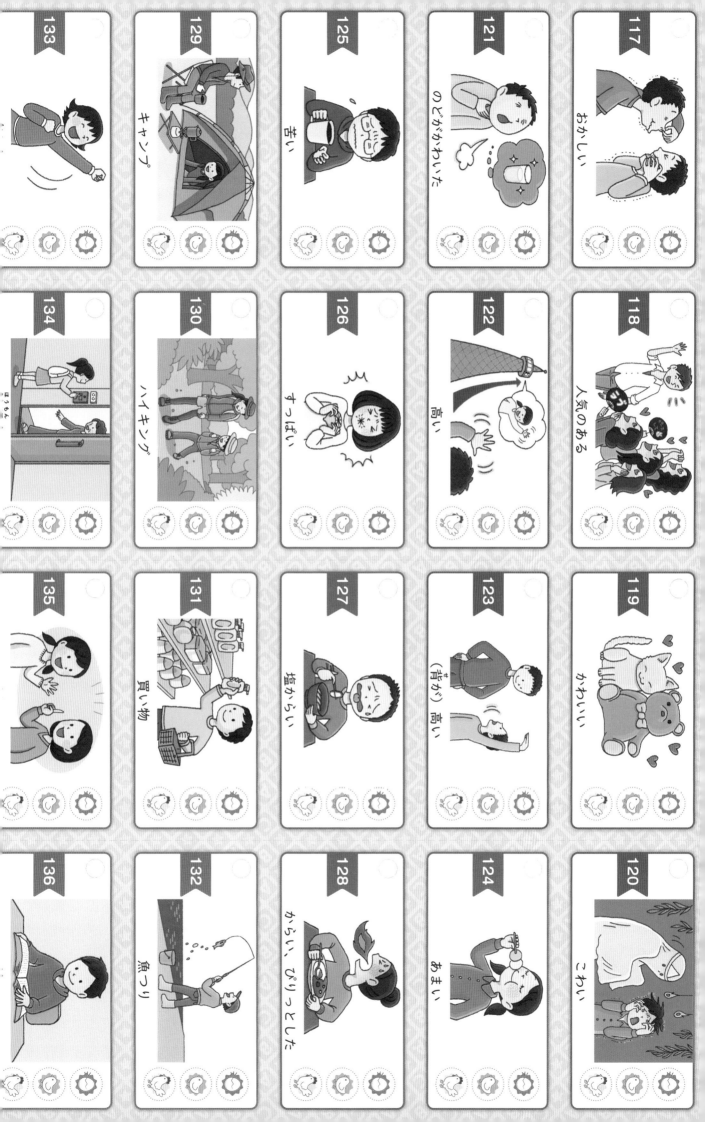

♪ c11 | 117 | funny

♪ c11 | 118 | popular

♪ c11 | 119 | cute

120 | scary
♪ c11

♪ c11 | 121 | thirsty

♪ c11 | 122 | high
位置が高い ときなど に使うよ。

♪ c11 | 123 | tall

124 | sweet
♪ c12

♪ c12 | 125 | bitter

♪ c12 | 126 | sour

♪ c12 | 127 | salty
「塩」は salt だよ。

128 | spicy
♪ c12

♪ c13 | 129 | camping

♪ c13 | 130 | hiking

♪ c13 | 131 | shopping

132 | fishing
♪ c13

♪ c13 | 133 | enjoy

♪ c13 | 134 | visit

♪ c13 | 135 | talk
「会話をする」という ときなどに使う と……

136 | read
read books で
「読書をする」だと…
♪ c13

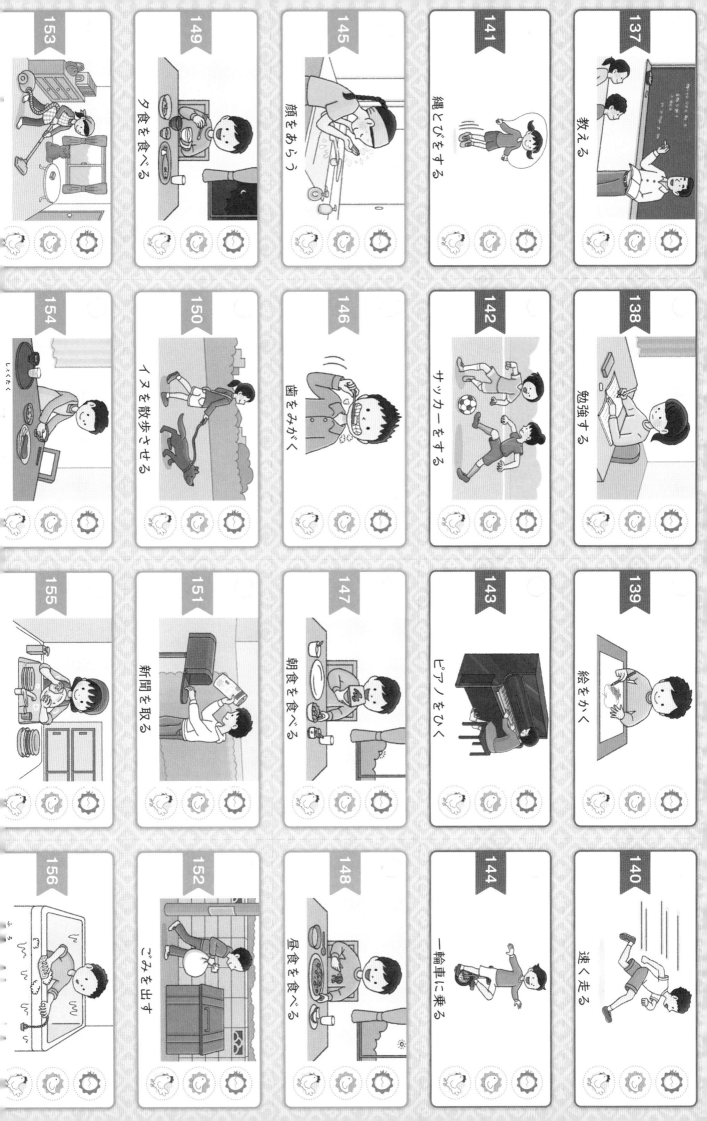

137 教える

138 勉強する

139 絵をかく

140 速く走る

141 縄とびをする

142 サッカーをする

143 ピアノをひく

144 一輪車に乗る

145 顔をあらう

146 歯をみがく

147 朝食を食べる

148 昼食を食べる

149 夕食を食べる

150 イヌを散歩させる

151 新聞を取る

152 ごみを出す

153 （テキスト）

154 （テキスト）

155 （テキスト）

156 （テキスト）

137 ♪c13 teach

138 ♪c13 study

139 ♪c13 draw
「絵の具でかく」ときは paint を使うよ。

140 ♪c13 run fast
fast は「速く」という意味だよ。

141 ♪c13 jump rope

142 ♪c13 play soccer

143 ♪c13 play the piano
[楽器を] ひく というときは 楽器名の前に the をつけるよ。

144 ♪c13 ride a unicycle
ride a bicycle[bike] で 「自転車に乗る」だよ。

145 ♪c14 wash my face

146 ♪c14 brush my teeth
teeth は 2本以上の歯のこと だよ。1本の歯は tooth だよ。

147 ♪c14 eat breakfast
have breakfast と言う こともあるよ。

148 ♪c14 eat lunch
have lunch と言うこと もあるよ。

149 ♪c14 eat dinner
have dinner と言う こともあるよ。

150 ♪c14 walk my dog

151 ♪c14 get the newspaper

152 ♪c14 take out the garbage

153 ♪c14 clean my room

154 ♪c14 set the table

155 ♪c14 wash the dishes

156 ♪c14 clean the bath

教科書ワーク **もくじ**

光村図書版 **英語6年**

▷動画で復習&アプリで練習! **重要表現まるっと整理**

この本のくわしい使い方

小学教科書ワークでは 教科書内容の学習 ・ 重要単語の練習 ・ 重要表現のまとめ の3つの柱で
小学校で習う英語を楽しくていねいに学習できます。ここではそれぞれの学習の流れを紹介します。

教科書内容の学習

① 基本のワーク

アレック Alec先生

QR コードを読み取ると音声が
流れるよ！
リズムにあわせて楽しく練習！

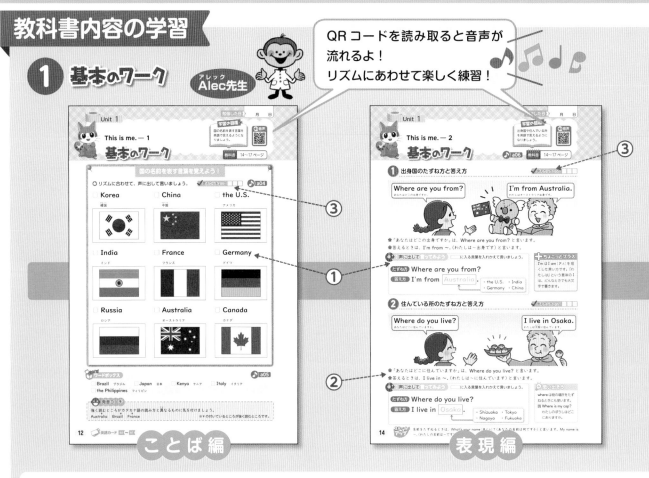

こ と ば 編　　　　　　　　　表 現 編

① 新しく習う英語を音声に続いて大きな声で言おう。
- ● ことば編 では、その単元で学習する単語をリズムにあわせて音読するよ。
- ● 表現編 では、最初にふきだしの英語の音声を聞いて、その単元で学習する表現を確認するよ。
  次に「声に出して言ってみよう」で _____ のことばにいれかえてリズムにあわせて音読するよ。
② 新しく習う表現についての説明を読もう。
③ 声に出して言えたら、□にチェックをつけよう。

重要単語の練習

① わくわく英語カード

ことば編 の最後に、英語カード
の対応番号が書いてあるよ！

英語カード 32 ～ 36

② 英語練習ノート

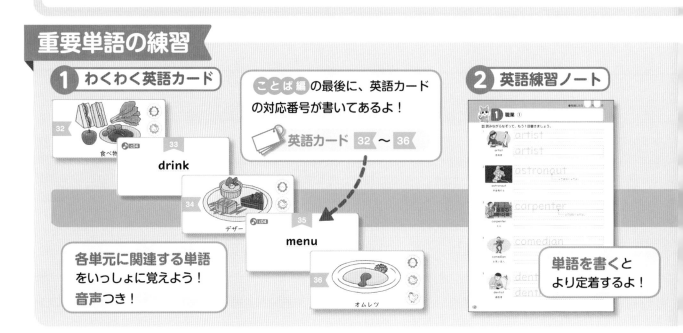

各単元に関連する単語
をいっしょに覚えよう！
音声つき！

単語を書くと
より定着するよ！

※QRコードは(株)デンソーウェーブの登録商標です。

英語音声の再生方法は
5ページを見よう！

リョウ
Ryo

② 書いて練習のワーク **③** 聞いて練習のワーク **④** まとめのテスト

QRコードから問題の音声
が聞けるよ。

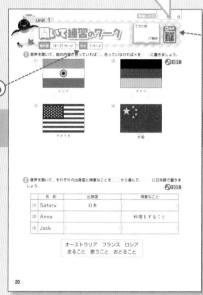

④新しく習ったことばや表現を書いて練習しよう。声に出して言いながら書くと効果的だよ。

⑤音声を聞いて問題に答えよう。聞きとれなかったら、もう一度聞いてもOK。

⑥解答集を見て答え合わせをしよう。読まれた音声も確認！

⑦確認問題にチャレンジ！問題をよく読もう。時間を計ってね。

⑧解答集を見て答え合わせをしよう。

③ 単語リレー（実力判定テスト）やはつおん上達アプリおん達でアウトプット！

おん達ではつおん
練習ができるよ！

単語リレーで単語の
テストができるよ！

おん達の使い方・アクセス
コードは4ページを見よう！

ヒナ
Hina

重要表現のまとめ

動画で復習&アプリで練習!
重要表現まるっと整理

QRコードを読み取ると
わくわく動画が見られるよ!

わくわく動画

リズムにあわせて表現の復習!

自己表現の練習も!

発音上達アプリ**おん達**
にも対応しているよ。

「重要表現まるっと整理」は
113ページからはじまるよ。

アドラ
Adra

最後にまとめとして使って
も良いし、日ごろの学習に
プラスしても良いね!

オリバー
Oliver

📱 アプリ・音声について

この本のふろくのすべてのアクセスコードは **EQPJ3F9a** です。

⭐ 文理のはつおん上達アプリ おん達

- 「重要表現まるっと整理」と「わくわく英語カード」の発話練習ができます。
- お手本の音声を聞いて、自分の発音をふきこむとAIが点数をつけます。
- 何度も練習し、高得点を目ざしましょう。
- 右のQRコードからダウンロードページへアクセスし、
  上記のアクセスコードを入力してください。
- アクセスコード入力時から15か月間ご利用になれます。
- 【推奨環境】スマートフォン、タブレット等(iOS11以上、Android8.0以上)

おん達
ダウンロード

※音声配信サービスおよび「おん達」は無料ですが、別途各通信会社の通信料がかかります。
※お客様のネット環境および端末によりご利用いただけない場合がございます。ご理解、ご了承いただきますよう、お願いいたします。

実力判定テスト

夏休みのテスト・冬休みのテスト・
学年末のテスト全3回分と、
単語リレー1回分がついています。

本番のテストに近いサイズ
でテスト対策！

CBT(Computer Based Testing)

◆CBTの使い方
❶BUNRI-CBT(https://b-cbt.bunri.jp)に
　PC・タブレットでアクセス。
❷ログインして、4ページのアクセスコードを
　入力。

WEB上のテストにちょうせん。
成績表で苦手チェック！

★ 英語音声の再生方法
● 英語音声があるものには ♪ a01 がついています。音声は以下の3つの方法で再生することができます。
①QRコードを読み取る：
　各単元の冒頭についている音声QRコードを読み取ってください。
②音声配信サービスonhaiから再生する：
　WEBサイト https://listening.bunri.co.jp/ へアクセスしてください。
③音声をダウンロードする：
　文理ホームページよりダウンロードも可能です。
　URL　https://portal.bunri.jp/b-desk/eqpj3f9a.html
　②・③では4ページのアクセスコードを入力してください。

※本体、ふろくの国旗イラストのたてと横の比率は、国際連合で使用している 2：3 になっています。

A B C D E

F G H I J

K L M N

O P Q R

S T U V W

X Y Z

小文字

リズムに合わせて、声に出して言いましょう。 言えたらチェック □□□

♪ a01

a b 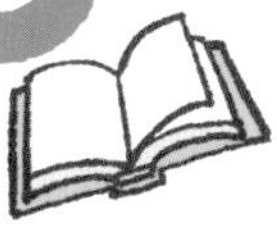 c d 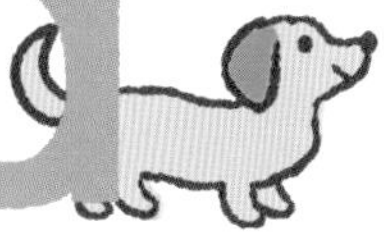 e

f 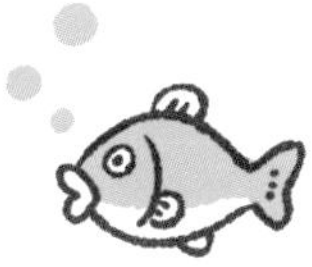 g h 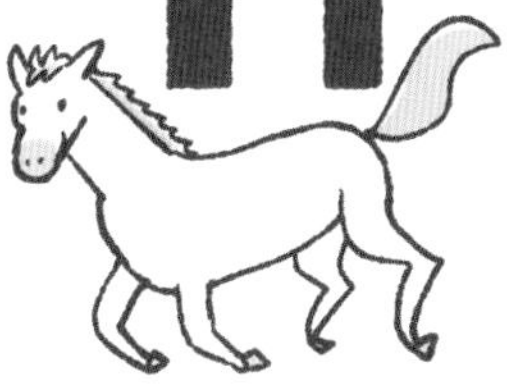 i 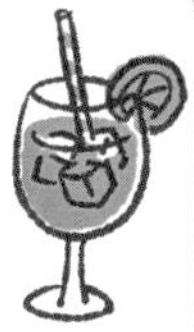 j

k 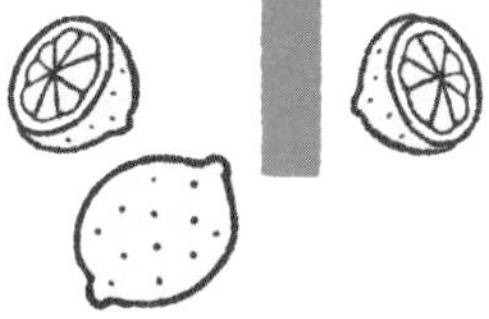 l m 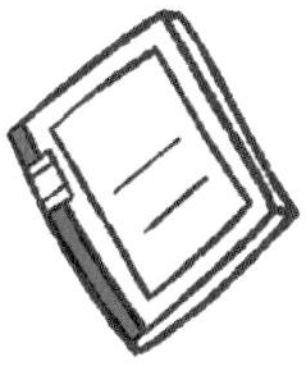 n

o 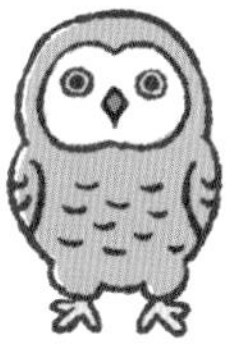 p 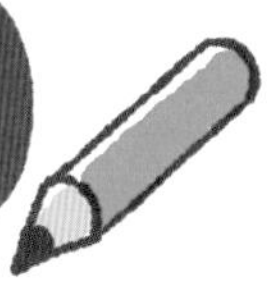 q 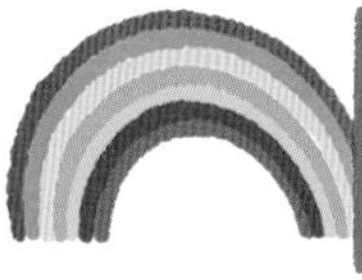 r

s t 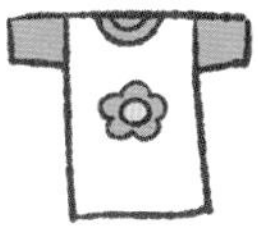 u 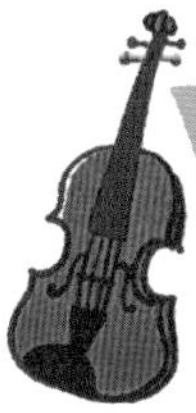 v w

x 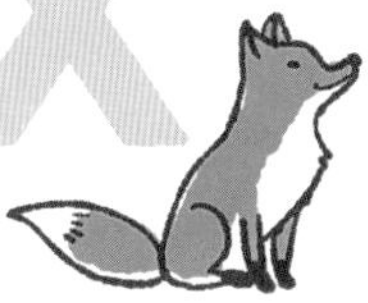 y z 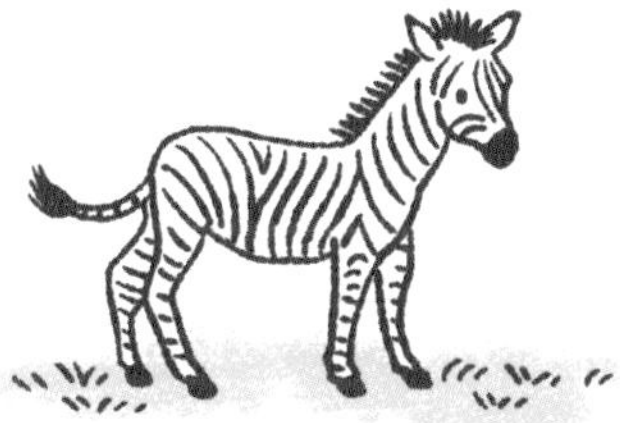

アルファベットを書こう

⭐ 読みながらなぞって、もう1回書きましょう。

※書き順は一つの例です。

大文字

●…書き出し

がんばって！

8

小文字

a a
b b
c c

d d
e e
f f

g g
h h
i i

j j
k k
l l

m m
n n
o o

p p
q q
r r

s s
t t
u u

v v
w w
x x

y y
z z

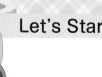

教室で使う英語

学習の目標・
英語の授業で使う表現や、あいさつの言葉を学習しましょう。

 🔊 音声

① 教室で使う英語

✅ 言えたらチェック　□□□　　♪ a02

🔵 音声を聞いて、言いましょう。

🌸 始めのあいさつ

| 先生 | Hello, everyone. | こんにちは、みなさん。 |

➕ ちょこっとプラス
男性の先生には Mr.［ミスタァ］、女性の先生には Ms.［ミズ］を使います。

| 生徒 | Hello, Mr. White. | こんにちは、ホワイト先生。 |
| | Hello, Ms. Sasaki. | こんにちは、佐々木先生。 |

🌸 授業の活動で使う表現

| 先生 | In English, please. / Any questions? / What did you hear? | 英語で言ってください。/　質問はありますか。/　何が聞こえましたか。 |

| 先生 | Thank you. | ありがとう。 |

| 生徒 | You're welcome. | どういたしまして。 |

| 生徒 | I have a question. | 質問があります。 |

元気にあいさつの言葉を言おう！

🌸 終わりのあいさつ

| 先生 | Goodbye, everyone. | さようなら、みなさん。 |

| 生徒 | Goodbye, Mr. White. | さようなら、ホワイト先生。 |

🔵 次のような表現もあります。

□ Excuse me.　すみません。
□ What's "hasami" in English?　「はさみ」は英語で何と言うのですか。
□ Can you hear me?　聞こえますか。

✿ 音声を聞いて、言いましょう。

❋ 相手の話を受け止めていることを表す

Wow.	すごい。
Really?	本当？
That's right.	そうだね。
I see.	そうなんだ。

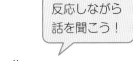

反応しながら話を聞こう！

❋ 相手の話に共感していることを伝える

Great. / Wonderful. / Amazing.	すごいね。
Good. / That's nice.	いいね。
You can do it!	あなたならできるよ。

❋ 会話を広げる

How about you?	あなたはどう？
Why?	どうして？
Anything else?	他には？

❋ 会話で困った(こま)ときに使う

Well, …. / Let me see.	ええと…
Excuse me? / Sorry? / Pardon?	何と言いましたか。
I'm not sure.	分かりません。

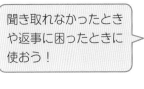

聞き取れなかったときや返事に困ったときに使おう！

学習の目標

国の名前を表す言葉を英語で言えるようになりましょう。

This is me. — 1

基本のワーク

教科書 14〜17 ページ

国の名前を表す言葉を覚えよう！

✿ リズムに合わせて、声に出して言いましょう。　✓言えたらチェック □□□　♪ a04

☐ **Korea**
かんこく
韓国

☐ **China**
ちゅうごく
中国

☐ **the U.S.**
アメリカ

☐ **India**
インド

☐ **France**
フランス

☐ **Germany**
ドイツ

☐ **Russia**
ロシア

☐ **Australia**
オーストラリア

☐ **Canada**
カナダ

 **ワードボックス**

♪ a05

☐ Brazil　ブラジル　　☐ Japan　日本　　☐ Kenya　ケニア　　☐ Italy　イタリア
☐ the Philippines　フィリピン

 発音コーチ

強く読むところがカタカナ語の読み方と異なるものに気を付けましょう。
▼　　　　　　▼　　　　▼
Australia　Brazil　France　　　　　　　　　※▼の付いているところが強く読むところです。

書いて練習のワーク

⭐ 読みながらなぞって、2〜3回書きましょう。

Korea

韓国

China

中国

the U.S.

アメリカ

India

インド

France

フランス

Germany

ドイツ

Russia

ロシア

Australia

オーストラリア

Canada

カナダ

 China の最初の文字を小文字で書いて china とすると、「陶磁器、食器類」という意味になるよ。陶磁器が中国から世界に広まったことからそう呼ばれるようになったよ。

13

This is me. ― 2

基本のワーク

 a06　教科書 14〜17ページ

学習の目標・
出身国や住んでいる所を英語で言えるようになりましょう。

1 出身国のたずね方と答え方

✔言えたらチェック □□□

Where are you from?
あなたはどこの出身ですか。

I'm from Australia.
わたしはオーストラリア出身です。

✳「あなたはどこの出身ですか」は、**Where are you from?** と言います。

✳答えるときは、**I'm from 〜.**（わたしは〜出身です）と言います。

🎧 声に出して書ってみよう　□に入る言葉を入れかえて言いましょう。

たずね方 **Where are you from?**

答え方 **I'm from** Australia **.**
・the U.S.　・India
・Germany　・China

＋ちょこっとプラス
I'm は I am［アム］を短くした言い方です。「わたしは」という意味の I は、どんなときでも大文字で書きます。

2 住んでいる所のたずね方と答え方

✔言えたらチェック □□□

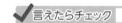

Where do you live?
あなたはどこに住んでいますか。

I live in Osaka.
わたしは大阪に住んでいます。

✳「あなたはどこに住んでいますか」は、**Where do you live?** と言います。

✳答えるときは、**I live in 〜.**（わたしは〜に住んでいます）と言います。

🎧 声に出して書ってみよう　□に入る言葉を入れかえて言いましょう。

たずね方 **Where do you live?**

答え方 **I live in** Osaka **.**
・Shizuoka　・Tokyo
・Nagoya　・Fukuoka

💡思い出そう
where は物の場所をたずねるときにも使います。
例 **Where is my cap?**
わたしのぼうしはどこにありますか。

名前をたずねるときは、What's your name［ネイム］?（あなたの名前は何ですか）と言います。My name is 〜.（わたしの名前は〜です）と答えます。

書いて練習のワーク

★ 読みながらなぞって、もう1回書きましょう。

Where are you from?

あなたはどこの出身ですか。

I'm from Australia.

わたしはオーストラリア出身です。

I'm from the U.S.

わたしはアメリカ出身です。

Where do you live?

あなたはどこに住んでいますか。

I live in Osaka.

わたしは大阪に住んでいます。

英語の トビラ！ from は「〜から」という意味もあり、場所や時間などの始まりを表すよ。
例・from Tokyo to Kyoto（東京から京都まで）・from 8:00（8時から）

15

勉強した日 ▶ 　月　　日

This is me. — 3

基本のワーク

学習の目標・
得意なことを表す英語を言えるようになりましょう。

 音声

教科書 18〜21 ページ

得意なことを表す言葉を覚えよう！

✿ リズムに合わせて、声に出して言いましょう。　✓言えたらチェック □□□　♪ a07

☐ **running**

走ること

☐ **swimming**

泳ぐこと、水泳

☐ **singing**

歌うこと

☐ **dancing**

おどること

☐ **drawing pictures**

絵（線画）をかくこと

☐ **cooking**

料理をすること

☐ **fishing**

魚つり

☐ **playing soccer**

サッカーをすること

☐ **playing the piano**

ピアノをひくこと

 **ワードボックス**　♪ a08

☐ sport(s)　スポーツ　　☐ music　音楽　　☐ art　芸術、美術
☐ ice hockey　アイスホッケー　　☐ food　食べ物　　☐ history　歴史

 とば解説

動作を表す言葉（cook、sing など）に ing が付くと「〜すること」という意味になります。
例　cook（料理をする）→ cooking（料理をすること）　　sing（歌う）→ singing（歌うこと）

書いて練習のワーク

⭐ 読みながらなぞって、1～3回書きましょう。

running

走ること

swimming

泳ぐこと、水泳

singing

歌うこと

dancing

おどること

drawing pictures

絵（線画）をかくこと

cooking

料理をすること

fishing

魚つり

playing soccer

サッカーをすること

playing the piano

ピアノをひくこと

 swimming pool［プール］は「（水泳用の）プール」という意味を表すよ。pool には、「水たまり」や「小さな池」といういう意味もあるよ。

17

This is me. ― 4

 **得意なことの言い方**

 言えたらチェック □□□

I'm good at playing baseball.
わたしは野球をすることが得意です。

❀「わたしは〜が得意です」は、I'm good at 〜. と言います。

❀ I'm good at 〜. の「〜」に動作を表す言葉を入れるときは、最後に ing を付けた形にします。

声に出して言ってみよう 　□に入る言葉を入れかえて言いましょう。

I'm good at [playing baseball].

↑
- playing soccer ・ cooking ・ ice hockey

＋ちょこっとプラス

スポーツをすることが得意だと言うときは、
・good at soccer
　（サッカーが得意）
・good at playing soccer
　（サッカーをすることが得意）
の両方の言い方ができます。

 **興味のあることの言い方**　言えたらチェック □□□

I'm interested in Japanese food.
わたしは日本の食べ物に興味があります。

❀「わたしは〜に興味があります」は、I'm interested in 〜. と言います。

声に出して言ってみよう 　□に入る言葉を入れかえて言いましょう。

I'm interested in [Japanese food].

↑
- Japanese sweets ・ dancing

表現べんり帳

相手の言ったことにおどろいたときは、Wow!（わあ！）や Really?（本当に？）などと返しましょう。

 ing を付けるときに、動作を表す言葉の形が変わるものがあります。
例・run → running（最後の文字を重ねる）　・dance → dancing（e をとる）

書いて練習のワーク

⭐ 読みながらなぞって、もう1回書きましょう。

I'm good at playing baseball.

わたしは野球をすることが得意です。

I'm good at playing soccer.

わたしはサッカーをすることが得意です。

I'm good at ice hockey.

わたしはアイスホッケーが得意です。

I'm interested in Japanese food.

わたしは日本の食べ物に興味があります。

I'm interested in dancing.

聞く
話す
読む
書く

わたしはおどることに興味があります。

 英語の　ice hockey (アイスホッケー) は北アメリカを代表するウインタースポーツで、National Hockey League トビラ　［ナショナル ハキィ リーグ］（NHL）というプロのリーグがあるよ。

聞いて練習のワーク

できた数

／7問中

🔊音声

教科書 14〜21 ページ　　答え 1 ページ

1 音声を聞いて、絵の内容と合っていれば○、合っていなければ×を（　）に書きましょう。

(1)
インド
（　　　　）

(2)
♪ t01
ドイツ
（　　　　）

(3)
アメリカ
（　　　　）

(4)
ちゅうごく
中国
（　　　　）

2 音声を聞いて、それぞれの出身国と得意なことを ┊┈┊ から選んで、（　）に日本語で書きましょう。

♪ t02

	名　前	出身国	得意なこと
(1)	Satoru	日本	（　　　　　　　　　　　）
(2)	Anna	（　　　　　　　　）	料理をすること
(3)	Jack	（　　　　　　　　）	（　　　　　　　）

オーストラリア　フランス　ロシア
走ること　歌うこと　おどること

まとめのテスト

This is me.

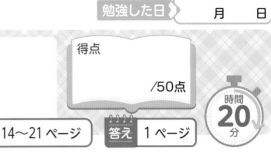

得点 /50点

時間 20分

教科書 14〜21ページ　答え 1ページ

1 日本語の意味になるように ┊┈┊ から選んで、━━ に英語を書きましょう。　1つ10点〔30点〕

(1) あなたはどこに住んでいますか。

Where do you ＿＿＿＿＿＿＿ ?

(2) わたしは歴史に興味があります。

I'm ＿＿＿＿＿＿＿ in history.

(3) わたしはケニア出身です。

I'm ＿＿＿＿＿＿＿ Kenya.

┌─────────────────────────────┐
from / live / good / interested
└─────────────────────────────┘

2 日本語の意味を表す英語の文を ┊┈┊ から選んで、━━ に書きましょう。　1つ10点〔20点〕

(1) わたしは東京に住んでいます。

＿＿＿＿＿＿＿＿＿＿＿＿＿＿＿＿＿＿＿＿＿

(2) わたしは泳ぐことが得意です。

＿＿＿＿＿＿＿＿＿＿＿＿＿＿＿＿＿＿＿＿＿

┌─────────────────────────────────────┐
I'm good at playing baseball. / I live in Tokyo.
I'm good at swimming. / I live in Nagoya.
└─────────────────────────────────────┘

聞く
話す
読む
書く

Unit 2

Welcome to Japan. — 1

基本のワーク

勉強した日〉　月　日

学習の目標・
季節や行事を表す英語
を言えるようになりま
しょう。

音声

教科書 22〜25 ページ

季節や行事を表す言葉を覚えよう！

✿ リズムに合わせて、声に出して言いましょう。　✓ 言えたらチェック □□□　♪ a10

☐ **spring**

春

☐ **summer**

夏

☐ **fall**

秋

☐ **winter**

冬

☐ **the Doll Festival**

ひな祭り

☐ **Children's Day**

こどもの日

☐ **the Star Festival**

七夕

☐ **summer festival**
複 summer festivals

夏祭り

☐ **snow festival**
複 snow festivals

雪祭り

ワードボックス

♪ a11

☐ fireworks festival(s)　花火大会　　☐ *oshogatsu*　お正月　　☐ *setsubun*　節分
☐ *hanami*　花見　　☐ *tsukimi*　月見　　☐ *shichi-go-san*　七五三

発音コーチ

festival の l は、舌の先を上の歯の裏につけて発音します。「ル」と強く言わないように注意しましょう。

複…2つ以上のときの形（複数形）

書いて練習のワーク

⭐ 読みながらなぞって、1 ～ 3 回書きましょう。

spring

春

summer

夏

fall

秋

winter

冬

the Doll Festival

ひな祭り

Children's Day

こどもの日

the Star Festival

七夕

summer festival

夏祭り

snow festival

雪祭り

Unit 2

勉強した日 ▶　　月　　日

学習の目標・
好きな季節とその行事
について英語で言える
ようになりましょう。

🔊音声

Welcome to Japan. — 2
基本のワーク

♪a12　教科書 22〜25 ページ

❶ 好きな季節のたずね方

✅言えたらチェック ☐☐☐

What season do you like?
あなたはどの季節が好きですか。

❀好きな季節をたずねるときは、**What season do you like?**（あなたはどの季節が好きですか）
と言います。

🔊声に出して 書ってみよう　次の英語を言いましょう。

たずね方 **What season do you like?**

💻くらべよう
what のあとには、season
以外に food（食べ物）や
sport（スポーツ）などを置
くことができます。

❷ 好きな季節とその行事の答え方

✅言えたらチェック ☐☐☐

I like spring. In spring, we have Children's Day.
わたしは春が好きです。春には、こどもの日があります。

❀好きな季節を答えるときは、**I like 〜.**（わたしは〜が好きです）と言います。

❀季節の行事を言うときは、**In 〜, we have ….**（〜には、…があります）と言います。「〜」
に季節を表す言葉を、「…」に行事を表す言葉を入れます。

🔊声に出して 書ってみよう　☐に入る言葉を入れかえて言いましょう。

答え方 I like spring . ← ▪summer ▪fall

答え方 In spring , we have Children's Day .
↑　　　　　　　　　↑
▪summer ▪fall　　　▪the Star Festival ▪tsukimi

📓表現べんり帳
好きな季節を聞いたあ
とに、「ああ、夏が好き
なんだ」と伝えるときは
Oh, you like summer.
と言うことができます。

ステップ
アップ
we や you は「わたしたちは」や「あなたたちは」という意味以外に、「人々は」と広く一般の人々をさす意味も
あります。その場合は日本語にしないことが多いです。

書いて練習のワーク

⭐ 読みながらなぞって、もう1回書きましょう。

What season do you like?

あなたはどの季節が好きですか。

I like spring.

わたしは春が好きです。

In spring, we have Children's Day.

春には、こどもの日があります。

What season do you like?

あなたはどの季節が好きですか。

I like fall.

わたしは秋が好きです。

In fall, we have tsukimi.

🎧 聞く
🎤 話す
📖 読む
✏️ 書く

秋には、月見があります。

 ふつう「秋」は、アメリカでは fall、イギリスでは autumn［オータム］と言うよ。

25

Welcome to Japan. ― 3

基本のワーク

日本を紹介する言葉を覚えよう！

✿ リズムに合わせて、声に出して言いましょう。　✓言えたらチェック □□□　♪a13

☐ see
見る、見える

☐ eat
食べる

☐ enjoy
楽しむ

☐ visit
訪問(ほうもん)する

☐ festival
複 festivals
祭り

☐ castle
複 castles
城

☐ shrine
複 shrines
神社

☐ sweets
菓子(かし)

☐ food
食べ物

ワードボックス
♪a14

☐ sushi　すし　　☐ tempura　てんぷら　　☐ hot springs　温泉(おんせん)　　☐ delicious　とてもおいしい
☐ beautiful　美しい　　☐ exciting　わくわくさせる　　☐ some　いくつかの　　☐ a lot of　たくさんの〜

ことば解説

城や祭りの名前は最初の文字を大文字で書きます。城：Himeji Castle（姫路(ひめじ)城）、Edo Castle（江戸城）
祭り：the Cherry Blossom Festival（桜祭り）、the Sapporo Snow Festival（さっぽろ雪まつり）

複…複数形

書いて練習のワーク

✿ 読みながらなぞって、2〜3回書きましょう。

see

見る、見える

eat

食べる

enjoy

楽しむ

visit

訪問する

festival

祭り

castle

城

shrine

神社

sweets

菓子

food

食べ物

🎧 聞く
🎤 話す
📖 読む
✏️ 書く

 夏のお祭りで売っている食べ物には、shaved ice［シェイヴド アイス］（かき氷）や cotton candy［カトゥン キャンディ］（綿あめ）などがあるよ。

27

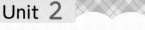
基本のワーク

① 日本にあるものの言い方

✓言えたらチェック □□□

In Japan, we have some traditional foods.
日本には、いくつかの伝統的な食べ物があります。

✿日本にあるものを紹介するときは、In Japan, we have 〜.（日本には、〜があります）のように言います。

🔊 声に出して 言ってみよう　　□ に入る言葉を入れかえて言いましょう。

In Japan, we have ┃some traditional foods┃.

・a lot of castles　・a lot of summer festivals

✚ ちょこっとプラス
some は「いくつかの」、a lot of は「たくさんの〜」という意味で、どちらも数や量を表すときに使います。

② 日本でできることや感想の言い方

✓言えたらチェック □□□

You can eat sushi. It's delicious.
すしを食べることができます。それはとてもおいしいです。

✿できることを言うときは、You can 〜.（〜することができます）のように言います。
✿感想を言うときは、It's 〜.（それは〜です）と言います。「〜」に感想を表す言葉を入れます。

🔊 声に出して 書いてみよう　　□ に入る言葉を入れかえて言いましょう。

You can ┃eat sushi┃.

・visit Himeji Castle in Hyogo
・enjoy Awa-odori in Tokushima

It's ┃delicious┃.

・beautiful　・exciting

📝 表現べんり帳
Interesting. は「おもしろい、興味深い」という意味で、相手の言ったことに興味をもったときに言います。

 ステップアップ　It's fun［ファン］.は「（それは）楽しいよ」という意味です。「すごく楽しいよ」と強く言いたいときは、It's a lot of fun. / It's really［リー（ア）リィ］fun. などと言います。

書いて練習のワーク

☆読みながらなぞって、もう１回書きましょう。

In Japan, we have some
traditional foods.

日本には、いくつかの伝統的な食べ物があります。

You can eat sushi.

すしを食べることができます。

It's delicious.

それはとてもおいしいです。

It's beautiful.

聞く
話す
読む
書く

それは美しいです。

外国から来た食べ物の名前は、「フライドチキン」や「アイスクリーム」のように、英語が日本語になったものが多いよ。逆に sushi（すし）や tempura（てんぷら）は、英語として使われている日本語だよ。

Unit 2

聞いて練習のワーク

できた数

/6問中

🔊音声

教科書 22〜29 ページ　答え 2 ページ

1 音声を聞いて、英語に合う絵を下から選んで、（　）に記号を書きましょう。　♪ t03

(1) （　　　　）　　(2) （　　　　）　　(3) （　　　　）

ア

イ

ウ

エ

2 音声を聞いて、それぞれが紹介している日本のものを線で結びましょう。　♪ t04

(1)

 ・

 ・

(2)

 ・

 ・

(3)

 ・

 ・

まとめのテスト

Welcome to Japan.

得点

/50点

時間 **20**分

教科書 22〜29 ページ　答え 2 ページ

1 日本語の意味を表す英語を □ から選んで、___ に書きましょう。　1つ5点〔20点〕

(1) ひな祭り

(2) 花火大会

(3) 神社

(4) 美しい

shrine / fireworks festival / the Doll Festival / beautiful

2 日本語の意味を表す英語の文を □ から選んで、___ に書きましょう。　1つ10点〔30点〕

(1) あなたはどの季節が好きですか。

(2) 雪祭りを楽しむことができます。

(3) 〔(2)に続けて〕　それはわくわくします。

It's delicious. / It's exciting.
You can enjoy hot springs. / You can enjoy a snow festival.
What season do you like?

学習の目標・
生活の動作を表す言葉を英語で言えるようになりましょう。

 音声

What time do you get up? ① — 1

基本のワーク

教科書 32〜35 ページ

生活の動作を表す言葉を覚えよう！

⭐ リズムに合わせて、声に出して言いましょう。　✓言えたらチェック □□□　♪a16

☐ **get up**

起きる

☐ **eat breakfast**

朝食を食べる

☐ **eat lunch**

昼食を食べる

☐ **eat dinner**

夕食を食べる

☐ **do my homework**

宿題をする

☐ **watch TV**

テレビを見る

☐ **take a bath**

風呂に入る

☐ **go to bed**

ねる

☐ **go to school**

学校へ行く

 ワードボックス　♪a17

☐ market(s)　市場　　☐ restaurant(s)　レストラン　　☐ early　早い　　☐ late　おそい
☐ open　開く　　☐ close　閉じる　　☐ after　〜のあとに　　☐ sleepy　ねむい

 とば解説

eat breakfast、eat lunch、eat dinner の eat には「食べる」という意味があります。eat のかわりに have［ハヴ］を使うこともできます。例　have breakfast、have lunch、have dinner

書いて練習のワーク

⭐ 読みながらなぞって、1〜3回書きましょう。

get up

起きる

eat breakfast

朝食を食べる

eat lunch

昼食を食べる

eat dinner

夕食を食べる

do my homework

宿題をする

watch TV

テレビを見る

take a bath

風呂に入る

go to bed

ねる

go to school

学校へ行く

 「浴室、風呂場」は bath や bathroom [バスルーム] と言うよ。bathroom には「お手洗い、トイレ」という意味もあるよ。

What time do you get up? ① — 2

基本のワーク

学習の目標・
何時に何をするかについて英語で言えるようになりましょう。

🔊 音声

♪ a18　教科書 32〜35 ページ

① 何時に何をするかのたずね方

✓言えたらチェック □□□

What time do you get up?
あなたは何時に起きますか。

❁「あなたは何時に〜しますか」は、**What time do you 〜?** と言います。

🔊 声に出して **言ってみよう** 　□ に入る言葉を入れかえて言いましょう。

たずね方 **What time do you** | get up | **?**

↑
・ eat breakfast ・ take a bath ・ go to bed

➕ ちょこっとプラス
what time は「何時」という意味です。
例 **What time is it?**
　何時ですか。

② 何時に何をするかの答え方

✓言えたらチェック □□□

I usually get up at 7:00.
わたしはふだん 7 時に起きます。

❁「わたしはふだん〜時に…します」は、**I usually** 〈動作を表す言葉〉**at** 〈時刻〉**.** と言います。
❁時刻は、**seven thirty**（7 時 30 分）のように、〈時〉〈分〉の順に言います。

🔊 声に出して **言ってみよう** 　□ に入る言葉を入れかえて言いましょう。

答え方 **I usually** | get up | **at** | 7:00 | **.**

↑　　　　　↑
・ eat breakfast ・ take a bath ・ go to bed 　・ 8:00 ・ 9:30
　　　　　　　　　　　　　　　　　　　　 ・ 10:00

📝 表現べんり帳
「早いですね」は That's early.、「おそいですね」は That's late. と言います。

ステップアップ　at は「時」を表す以外に、「場所」を表すときにも使います。
例 ・at home（家で）・at school（学校で）

書いて練習のワーク

⭐ 読みながらなぞって、もう1回書きましょう。

What time do you get up?

あなたは何時に起きますか。

I usually get up at 7:00.

わたしはふだん7時に起きます。

What time do you go to bed?

あなたは何時にねますか。

I usually go to bed at 10:00.

わたしはふだん10時にねます。

I usually eat breakfast at 8:00.

🎧 聞く
🎙 話す
📖 読む
✏️ 書く

わたしはふだん8時に朝食を食べます。

 英語の トビラ 【時を表す表現】「午前中に」in the morning [モーニング]、「正午に」at noon [ヌーン]、「午後に」in the afternoon [アフタヌーン]、「夕方に、晩に」in the evening [イーヴニング]、「夜に」at night [ナイト]

35

聞いて練習のワーク

教科書 32〜35 ページ　　答え 3 ページ

1 音声を聞いて、絵の内容と合っていれば○、合っていなければ×を（　）に書きましょう。

(1)

7：00

（　　　　）

(2) 🎵 t05

9：00

（　　　　）

(3)

4：30

（　　　　）

(4)

5：30

（　　　　）

2 音声を聞いて、それぞれの行動を何時にしているか、線で結びましょう。　🎵 t06

(1)

・　　　　　　　　　・ 7：00

(2)

・　　　　　　　　　・ 6：00

(3)

・　　　　　　　　　・ 8：30

まとめのテスト

What time do you get up? ①

得点

/50点

時間 20分

教科書 32〜35 ページ　答え 3 ページ

1 日本語の意味を表す英語を ⌐¬ から選んで、── に書きましょう。 1つ6点〔30点〕

(1) 昼食を食べる

(2) テレビを見る

(3) 風呂に入る

(4) ねる

(5) 宿題をする

> eat dinner / go to bed / take a bath
> do my homework / watch TV / eat lunch

2 日本語の意味を表す英語の文を ⌐¬ から選んで、── に書きましょう。 1つ10点〔20点〕

(1) あなたは何時に起きますか。

(2) [(1)に答えて] わたしはふだん 7 時に起きます。

> What time do you get up? / What time do you eat dinner?
> I usually get up at 7:00. / I usually eat dinner at 7:00.

What time do you get up? ② ― 1

基本のワーク

手伝いの動作を表す言葉を覚えよう！

⭐ リズムに合わせて、声に出して言いましょう。　　✓言えたらチェック □□□　♪a19

☐ **wash the dishes**

皿をあらう

☐ **clean my room**

部屋をそうじする

☐ **take out the garbage**

ごみを出す

☐ **set the table**

食卓を準備する

☐ **clear the table**

食卓を片づける

☐ **cook dinner**

夕食を作る

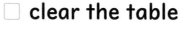

☐ **clean the bath**

風呂をそうじする

☐ **walk the dog**

イヌの散歩をする

音声をよく聞いて、まねして言ってみよう！

ワードボックス

♪a20

☐ **always** いつも　　☐ **usually** たいてい、ふだん　　☐ **sometimes** ときどき

☐ **never** 全く〜ない　　☐ **morning** 午前、朝　　☐ **night** 夜

ことば解説

always や usually などは、同じことをどのくらいくり返しするかの度合い（頻度）を表します。

always …ほとんど100%　　usually …80%前後　　sometimes …30%前後　　never …0%

書いて練習のワーク

⭐ 読みながらなぞって、もう1回書きましょう。

wash the dishes

皿をあらう

clean my room

部屋をそうじする

take out the garbage

ごみを出す

set the table

食卓を準備する

clear the table

食卓を片づける

cook dinner

夕食を作る

clean the bath

風呂をそうじする

walk the dog

イヌの散歩をする

聞く 話す 読む 書く

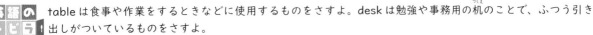 table は食事や作業をするときなどに使用するものをさすよ。desk は勉強や事務用の机のことで、ふつう引き出しがついているものをさすよ。

39

学習の目標
どのくらい手伝いをしているかを英語で言えるようになりましょう。

🔊 音声

What time do you get up? ② ― 2

基本のワーク

♪ a21　教科書 36〜39 ページ

① 手伝いをしているかのたずね方と答え方

✓ 言えたらチェック □ □ □

Do you wash the dishes?
あなたは皿をあらいますか。

Yes, I do.
はい、します。

❀「あなたは〜しますか」は、**Do you 〜?** と言います。

❀「はい、します」は **Yes, I do.**、「いいえ、しません」は **No, I don't.** と言います。

⏻ 声に出して **書ってみよう**　□ に入る言葉を入れかえて言いましょう。

📝 **表現べんり帳**
Great. は「すばらしい、すごい」という意味です。相手の言ったことに感心したときなどに使います。

たずね方 **Do you** wash the dishes **?**
↑
　・ set the table　・ clear the table　・ cook dinner

答え方 **Yes, I do. / No, I don't.**

② どのくらい手伝いをしているかの言い方

✓ 言えたらチェック □ □ □

I always clean my room.
わたしはいつも部屋をそうじします。

❀ **always**（いつも）、**usually**（ふだん）、**sometimes**（ときどき）、**never**（全く〜ない）は、ふつう、動作を表す言葉の前に置きます。

⏻ 声に出して **書ってみよう**　□ に入る言葉を入れかえて言いましょう。

➕ **ちょこっとプラス**
usually などの他に、「よく、しばしば」という意味の often［オーフン］もあります。often のくり返しの度合いは60% 前後です。

I always clean my room **.**
↑　　　　　↑
・usually　・sometimes　｜　・take out the garbage
・never　　　　　　　　　｜　・clean the bath　・walk the dog

ステップアップ　「家事」は housework［ハウスワーク］と言います。house は「家」、work は「仕事」をさし、「家の仕事」という意味になります。

書いて練習のワーク

⭐ 読みながらなぞって、もう1回書きましょう。

Do you wash the dishes?

あなたは皿をあらいますか。

Do you set the table?

あなたは食卓を準備しますか。

Yes, I do.

はい、します。

No, I don't.

いいえ、しません。

I always clean my room.

わたしはいつも部屋をそうじします。

I usually walk the dog.

わたしはふだんイヌの散歩をします。

聞く
話す
読む
書く

cook は「料理をする」という意味だけど、特に熱を加えて料理を作るときに使うよ。
cook には「料理人」という意味もあるよ。

聞いて練習のワーク

できた数

/8問中

 音声

教科書 36〜39ページ　答え 4ページ

1 音声を聞いて、英語に合う絵を下から選んで、（　）に記号を書きましょう。　♪ t07

(1) （　　　）　　(2) （　　　）　　(3) （　　　）　　(4) （　　　）

ア

イ

ウ

エ

2 音声を聞いて、それぞれがどんな手伝いをどのくらいするかを下から選んで、（　）に記号を書きましょう。

♪ t08

	名　前	どのくらいするか	手伝いの内容
(1)	Noboru	（　　　）	食卓を準備する
(2)	Aya	いつも	（　　　）
(3)	Sayaka	（　　　）	イヌの散歩をする
(4)	Jun	全くしない	（　　　）

ア いつも　　　　イ ふだん　　　ウ ときどき

エ 食卓を片づける　　オ 夕食を作る　　カ 皿をあらう

まとめのテスト

What time do you get up? ②

勉強した日 ▷ 月 日

得点 /50点

時間 20分

教科書 36〜39 ページ 答え 4 ページ

1 日本語の意味になるように ┊┄┊ から選んで、＿＿ に英語を書きましょう。 1つ10点〔30点〕

(1) わたしはふだんイヌの散歩をします。

I ＿＿＿＿＿＿ walk the dog.

(2) わたしはときどき夕食を作ります。

I ＿＿＿＿＿＿ cook dinner.

(3) わたしはいつも食卓を準備します。

I ＿＿＿＿＿＿ set the table.

always / never / sometimes / usually

2 日本語の意味を表す英語の文を ┊┄┊ から選んで、＿＿ に書きましょう。 1つ10点〔20点〕

(1) あなたは風呂をそうじしますか。

＿＿＿＿＿＿＿＿＿＿＿＿＿＿＿＿

(2) あなたは皿をあらいますか。

＿＿＿＿＿＿＿＿＿＿＿＿＿＿＿＿

Do you clear the table?
Do you clean the bath?
Do you wash the dishes?

世界の友達1

プラスワーク

音声

教科書 40〜41 ページ　答え 5 ページ

1 モルディブに住んでいるサラさんのスピーチを聞いて、次の質問に答えましょう。

♪ t09

(1) サラさんの得意なことを選んで、（　）に記号を書きましょう。

　　ア　絵をかくこと　　イ　泳ぐこと　　ウ　走ること

（　　　　）

(2) サラさんがふだん友達とすることは何ですか。（　）に日本語を書きましょう。

友達と（　　　　　　　　）をします。

(3) サラさんの住む都市にあるものを表す絵を選んで、（　）に記号を書きましょう。

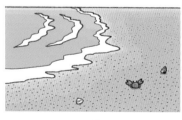

　　　　ア　　　　　　　　　　イ　　　　　　　　　　ウ

（　　　　）

(1) ノアさんが誕生日（たんじょう）にほしいものは何ですか。（　）に日本語を書きましょう。

新しい（　　　　　　　　　）

(2) ノアさんの好きな教科を表す絵を2つ選んで、（　）に記号を書きましょう。

ア　　　　　　　　　　　　イ　　　　　　　　　　　　ウ

（　　　　、　　　　）

(3) ノアさんの住んでいる国とそこで食べられるおすすめの食べ物を下から選んで、（　）に
記号を書きましょう。

住んでいる国	（　　　　）
おすすめの食べ物	（　　　　）

ア　インド　　　　　　イ　アメリカ　　ウ　イタリア
エ　ハンバーガー　　　オ　ピザ　　　　カ　カレーライス

My Summer Vacation — 1

基本のワーク

場所を表す言葉を覚えよう！

⭐ リズムに合わせて、声に出して言いましょう。　☑言えたらチェック ☐☐☐☐　♪a22

☐ **mountain**
　　　　　　　複mountains
山

☐ **river** 　複rivers
川

☐ **sea**
海

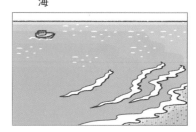

☐ **stadium**
　　　　　複stadiums
スタジアム

☐ **aquarium**
　　　　　複aquariums
水族館

☐ **library** 　複libraries
図書館、図書室

☐ **swimming pool**
　　　　複swimming pools
プール

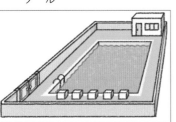

☐ **department store**
　　　　複department stores
デパート

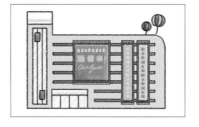

☐ **park** 　複parks
公園

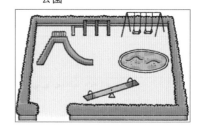

 ワードボックス　　　　　　　　　　　　　　　　　　　♪a23

☐ went 行った　　☐ saw 見た、見えた　　☐ ate 食べた　　☐ enjoyed 楽しんだ
☐ made 作った　　☐ watched 〈テレビなどを〉見た　　☐ played 〈スポーツなどを〉した、演奏した
☐ practiced 練習した

複…複数形

46 　英語カード 47 〜 57

書いて練習のワーク

⭐ 読みながらなぞって、1 ～ 3 回書きましょう。

mountain

山

river

川

sea

海

stadium

スタジアム

aquarium

水族館

library

図書館、図書室

swimming pool

プール

department store

デパート

park

公園

 英語のトビラ！ 「店」を表す英語には shop［シャップ］と store があるよ。shop は小さなお店をさすことが多いよ。

My Summer Vacation ― 2

基本の7―7

学習の目標・
夏休みにしたことについて英語で言えるようになりましょう。

音声

♪ a24　教科書　44～47 ページ

① 夏休みにしたことのたずね方

✓言えたらチェック □□□

What did you do in summer?
あなたは夏に何をしましたか。

❀「あなたは夏に何をしましたか」は、**What did you do in summer?** と言います。

❀過去のことをたずねるときは **did** を使います。**What did you do?** は「あなたは何をしましたか」という意味です。

🔊 **声に出して言ってみよう**　次の英語を言いましょう。

たずね方 **What did you do in summer?**

💡 **思い出そう**
in summer は「夏に」という意味です。(→ p.24)

② 夏休みにしたことの答え方

✓言えたらチェック □□□

I went to the mountains.
わたしは山に行きました。

❀「わたしは～に行きました」は、**I went to ～.** と言います。「～」に行った場所を入れます。

🔊 **声に出して言ってみよう**　 □ に入る言葉を入れかえて言いましょう。

答え方 **I went to the** | mountains | **.**

- sea　- river　- aquarium　- stadium
- park　- swimming pool

📒 **表現べんり帳**
相手の言ったことに対して「わたしもです」と言うときは、Me, too. [ミー トゥー]を使います。

ステップアップ　the（その）はすでに話に出てきているものや、話している人がおたがいに知っているものを言うときなどに使います。ふつうは日本語に訳しません。

書いて練習のワーク

⭐ 読みながらなぞって、もう1回書きましょう。

What did you do in summer?

あなたは夏に何をしましたか。

I went to the mountains.

わたしは山に行きました。

I went to the sea.

わたしは海に行きました。

I went to the river.

わたしは川に行きました。

I went to the aquarium.

わたしは水族館に行きました。

「海」を表す英語には、sea の他に ocean〔オウシャン〕もあるよ。ふつう sea は ocean よりも小さい海のことをさして、太平洋や大西洋のような広い海（大洋）には ocean を使うよ。

My Summer Vacation — 3

基本のワーク

 音声

学習の目標・
夏休みにしたことや感想を表す英語を言えるようになりましょう。

教科書 48〜51ページ

夏休みにしたことや感想を表す言葉を覚えよう！

⭐ リズムに合わせて、声に出して言いましょう。　✓言えたらチェック ☐☐☐ ♪ a25

☐ **camping**

キャンプ

☐ **hiking**

ハイキング

☐ **fishing**

魚つり

☐ **shopping**

買い物

☐ **delicious**

とてもおいしい

☐ **interesting**

おもしろい

☐ **wonderful**

すばらしい

☐ **fun**

楽しい

☐ **exciting**

わくわくさせる

ワードボックス ♪ a26

- ☐ reading　読書
- ☐ grandparents　祖父母
- ☐ barbecue　バーベキュー
- ☐ fresh　新鮮な
- ☐ beautiful　美しい

- ☐ whale watching　クジラの観察
- ☐ Mt. Fuji　富士山
- ☐ fireworks　花火
- ☐ cute　かわいい
- ☐ hot　暑い、熱い

- ☐ bird watching　野鳥観察
- ☐ watermelon　スイカ
- ☐ penguin show(s)　ペンギンショー
- ☐ big　大きい
- ☐ popular　人気のある

書いて練習のワーク

⭐ 読みながらなぞって、1〜3回書きましょう。

camping

キャンプ

hiking

ハイキング

fishing

魚つり

shopping

買い物

delicious

とてもおいしい

interesting

おもしろい

wonderful

すばらしい

fun

楽しい

聞く
話す
読む
書く

exciting

わくわくさせる

 barbecue［バーベキュー］は、bar と be をそれぞれ略して B、cue と同じ発音の Q をつけて BBQ と表すこともあるよ。

My Summer Vacation ― 4

基本のワーク

学習の目標・
夏休みにしたことや感想を英語で言えるようになりましょう。

🔊音声

♪ a27　教科書 48〜51 ページ

❶ 夏休みにしたことの言い方

✓言えたらチェック ☐☐☐

> **I enjoyed camping.**
> わたしはキャンプを楽しみました。

✿「わたしは〜を楽しみました」は、I enjoyed 〜. と言います。

✿「〜を食べました」は ate、「〜を見ました」は saw や watched を使います。

🔊 声に出して 書ってみよう ☐に入る言葉を入れかえて言いましょう。

I ｜enjoyed camping｜.

↑
- watched a baseball game
- ate fresh fish　- saw fireworks

➕ちょこっとプラス

過去の動作を表すときは、動作を表す言葉の最後に ed を付けることが多いです。
例 enjoy (楽しむ)
→ enjoy<u>ed</u> (楽しんだ)

❷ したことの感想のたずね方と答え方

✓言えたらチェック ☐☐☐

> **How was it?**
> それはどうでしたか。

> **It was fun.**
> 楽しかったです。

✿「それはどうでしたか」と感想をたずねるときは、How was it? と言います。

✿答えるときは、It was 〜. (〜でした) のように言います。

🔊 声に出して 書ってみよう ☐に入る言葉を入れかえて言いましょう。

たずね方 How was it?

答え方 It was ｜fun｜.

↑
- exciting　- delicious　- beautiful

📒表現べんり帳

「わかりました」「そうなんだ」と返事をするときは、I see. と言います。

【夏休みについてたずねるときのその他の表現】・How was your summer? (あなたの夏はどうでしたか)
・Did you enjoy your summer vacation? (あなたは夏休みを楽しみましたか)

書いて練習のワーク

⭐ 読みながらなぞって、もう1回書きましょう。

I enjoyed camping.

わたしはキャンプを楽しみました。

I ate fresh fish.

わたしは新鮮(しんせん)な魚を食べました。

I saw fireworks.

わたしは花火を見ました。

How was it?

それはどうでしたか。

It was fun.

楽しかったです。

It was exciting.

🎧 聞く
🎤 話す
📖 読む
✏️ 書く

わくわくしました。

 see は「見る、見える」という意味以外に「(人に)会う」という意味もあるよ。saw も「見た、見えた」と「会った」の両方の意味があるよ。

53

Unit 4

聞いて練習のワーク

教科書 44〜51ページ 答え 6ページ

1 音声を聞いて、絵の内容と合っていれば○、合っていなければ×を（ ）に書きましょう。

(1)

( )

(2)

♪t11

( )

(3)

( )

(4)

( )

2 音声を聞いて、それぞれの夏にしたこととその感想を下から選んで、（ ）に記号を書きましょう。

♪t12

	名 前	出来事	感 想
(1)	Ken	水泳を楽しんだ	（ ）
(2)	Yumi	（ ）	とてもおいしかった
(3)	Taku	花火を見た	（ ）
(4)	Aya	（ ）	暑かった

ア カレーライスを食べた 　イ 城を見た 　ウ 新鮮な魚を食べた

エ 野球をした 　オ 美しかった 　カ 楽しかった

キ わくわくした

まとめのテスト

My Summer Vacation

得点

/50点

時間 **20**分

教科書 44〜51 ページ 答え 6 ページ

1 日本語の意味になるように ___ から選んで、___ に英語を書きましょう。文の最初にくる言葉は大文字で書き始めましょう。 1つ10点〔30点〕

(1) あなたは夏に何をしましたか。

_____ did you do in summer?

(2) それはどうでしたか。

_____ was it?

(3) 〔(2)に答えて〕 すばらしかったです。

It _____ wonderful.

how / what / was / is

2 日本語の意味を表す英語の文を ___ から選んで、___ に書きましょう。 1つ10点〔20点〕

(1) わたしは川に行きました。

_____

(2) わたしはハイキングを楽しみました。

_____

I went to the river. / I went to the sea.
I enjoyed hiking. / I enjoyed camping.

We live together. ① — 1

基本のワーク

動物を表す言葉を覚えよう！

☆ リズムに合わせて、声に出して言いましょう。　✓ 言えたらチェック □□□　♪ a28

☐ **lion** 　複 lions
ライオン

☐ **tiger** 　複 tigers
トラ

☐ **owl** 　複 owls
フクロウ

☐ **bear** 　複 bears
クマ

☐ **panda** 　複 pandas
パンダ

☐ **gorilla** 　複 gorillas
ゴリラ

☐ **giraffe** 　複 giraffes
キリン

☐ **penguin** 　複 penguins
ペンギン

☐ **sea turtle** 　複 sea turtles
ウミガメ

ワードボックス

♪ a29

☐ seaweed 　海草
☐ grass 　草
☐ fish 　魚

☐ nut(s) 　ナッツ
☐ frog(s) 　カエル
☐ jellyfish 　クラゲ

☐ zebra(s) 　シマウマ
☐ grasshopper(s) 　バッタ
☐ bamboo 　竹

複…複数形

書いて練習のワーク

⭐ 読みながらなぞって、1〜3回書きましょう。

lion

ライオン

tiger

トラ

owl

フクロウ

bear

クマ

panda

パンダ

gorilla

ゴリラ

giraffe

キリン

penguin

ペンギン

聞く
話す
読む
書く

sea turtle

ウミガメ

 英語の トビラ Teddy bear（テディベア）の Teddy は、アメリカの第26代大統領セオドア・ルーズベルトの愛称（ニックネーム）だよ。大統領が狩りをしたときに、小グマを見のがしてあげたという話から名前が付けられたよ。

57

Unit 5

We live together. ① — 2

基本のワーク

勉強した日 月 日

学習の目標・
動物が食べるものについて英語で言えるようになりましょう。

音声

♪ a30 教科書 52〜55ページ

① 動物が食べるもののたずね方

✓言えたらチェック □□□

What do sea turtles eat?
ウミガメは何を食べますか。

✿「〜は何を食べますか」は、What do 〜 eat? と言います。

声に出して 書いてみよう　□に入る言葉を入れかえて言いましょう。

たずね方 **What do** [sea turtles] **eat?**
・pandas ・lions ・bears

＋ちょこっとプラス
その種類の生き物について一般的な事柄を説明するときは、生き物を表す言葉を複数形にして使います。

② 動物が食べるものの答え方

✓言えたらチェック □□□

Sea turtles eat seaweed.
ウミガメは海草を食べます。

✿「〜は…を食べます」と答えるときは、〜 eat …. のように言います。「〜」には動物、「…」には食べるものを入れます。

声に出して 書いてみよう　□に入る言葉を入れかえて言いましょう。

答え方 [Sea turtles] **eat** [seaweed] **.**
・Pandas ・Lions ・Bears　・bamboo ・zebras ・nuts

表現べんり帳
「わたしもそう思います」と言うときは、I think so [スィンク ソウ], too. などと言います。

 生き物の「食べる」「食べられる」の関係が鎖のようにつながっていることを意味する「食物連鎖」は英語で、food chain [フード チェイン] と言います。

書いて練習のワーク

⭐ 読みながらなぞって、もう１回書きましょう。

What do sea turtles eat?

ウミガメは何を食べますか。

Sea turtles eat seaweed.

ウミガメは海草を食べます。

What do pandas eat?

パンダは何を食べますか。

Pandas eat bamboo.

パンダは竹を食べます。

Lions eat zebras.

ライオンはシマウマを食べます。

聞く
話す
読む
書く

 英語のトビラ　「ウミガメ」はたんに turtle とも言うよ。おもに陸上で暮らす「リクガメ」は tortoise ［トータス］と言うよ。

できた数

／7問中

🔊音声

教科書　52〜55 ページ　　答え　7 ページ

1 音声を聞いて、絵の内容と合っていれば○、合っていなければ×を（　）に書きましょう。

(1)

（　　　　　）

(2)

🎵 t13

（　　　　　）

(3)

（　　　　　）

(4)

（　　　　　）

2 音声を聞いて、動物とその動物が食べるものを ⌐ ¬ から選んで、（　）に日本語で書きましょう。

🎵 t14

	動　物	食べるもの
(1)	（　　　　　）	ナッツ
(2)	ライオン	（　　　　　）
(3)	（　　　　　）	海草

パンダ　シマウマ　クマ　クラゲ　ウミガメ

まとめのテスト

We live together. ①

勉強した日 ▷ 　月　　日

得点

/50点

時間 20分

教科書 52〜55ページ　答え 7ページ

1 英語の意味を表す日本語を ┆▁┆ から選んで、（　）に書きましょう。　1つ6点〔30点〕

(1) tiger （　　　　　　　　　　）

(2) grass （　　　　　　　　　　）

(3) owl （　　　　　　　　　　）

(4) frog （　　　　　　　　　　）

(5) bamboo （　　　　　　　　　　）

フクロウ　竹　バッタ　カエル　草　トラ

2 日本語の意味を表す英語の文を ┆▁┆ から選んで、＿＿＿ に書きましょう。　1つ10点〔20点〕

(1) ペンギンは何を食べますか。

(2) [(1)に答えて] ペンギンは魚を食べます。

What do gorillas eat? / What do penguins eat?
Penguins eat fish. / Pandas eat bamboo.

聞く
話す
読む
書く

学習の目標・
自然についての英語を
言えるようになりま
しょう。

We live together. ② ― 1

基本のワーク

教科書 56〜59 ページ

自然を表す言葉を覚えよう！

☆ リズムに合わせて、声に出して言いましょう。　☑言えたらチェック ☐☐☐ ♪ a31

☐ **sea**
海

☐ **lake** 複 lakes
湖

☐ **river** 複 rivers
川

☐ **savanna**
サバンナ

☐ **forest** 複 forests
森

☐ **rain forest** 複 rain forests
熱帯雨林

☐ **mountain** 複 mountains
山

☐ **tree** 複 trees
木

☐ **desert** 複 deserts
砂漠

ワードボックス

♪ a32

☐ koala(s)　コアラ
☐ whale(s)　クジラ
☐ bird(s)　鳥

☐ polar bear(s)　シロクマ、ホッキョクグマ
☐ dolphin(s)　イルカ
☐ ice　氷

☐ penguin(s)　ペンギン
☐ elephant(s)　ゾウ
☐ leaf(leaves)　葉

複…複数形

 英語カード 47 〜 57

書いて練習のワーク

⭐ 読みながらなぞって、1 ～ 3 回書きましょう。

sea

海

lake

湖

river

川

savanna

サバンナ

forest

森

rain forest

熱帯雨林

mountain

山

tree

木

🎧 聞く

🎤 話す

📖 読む

✏️ 書く

desert

砂漠

 英語の とびら 日本語では、「浜名湖」「富士山」のように、名前のあとに「湖」や「山」をつけるけれど、英語では Lake Hamana、Mt. Fuji のように、名前の前に Lake「湖」や Mt.「山」をつけるよ。

63

勉強した日 ▶　　月　　日

学習の目標・
体の部位を表す英語を言えるようになりましょう。

音声

We live together. ② ― 2
基本のワーク

教科書 56〜59ページ

体の部位を表す言葉を覚えよう！

⭐ リズムに合わせて、声に出して言いましょう。　✓言えたらチェック □□□　♪a33

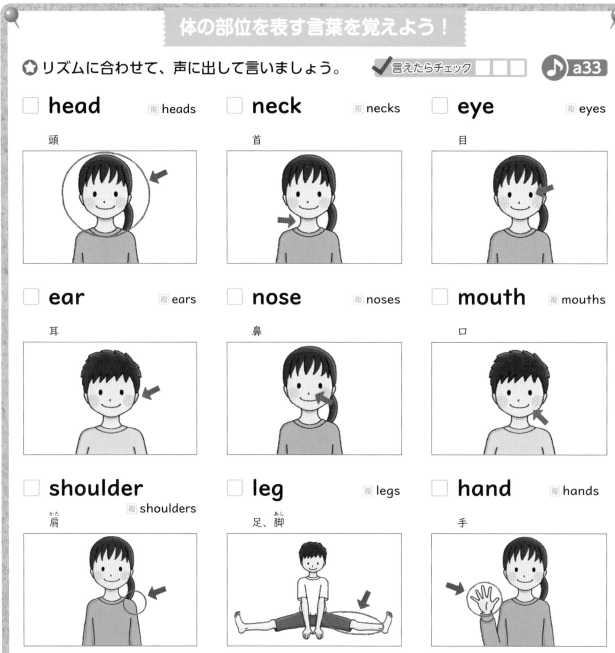

☐ **head**　複heads
頭

☐ **neck**　複necks
首

☐ **eye**　複eyes
目

☐ **ear**　複ears
耳

☐ **nose**　複noses
鼻

☐ **mouth**　複mouths
口

☐ **shoulder**　複shoulders
肩（かた）

☐ **leg**　複legs
足（あし）、脚（あし）

☐ **hand**　複hands
手

ワードボックス　♪a34

☐ body(bodies)　体　　☐ wing(s)　つばさ　　☐ feather(s)　羽　　☐ shell(s)　貝がら
☐ horn(s)　角（つの）　　☐ gray　灰色（はい）　　☐ white　白　　☐ black　黒
☐ big　大きい　　☐ small　小さい　　☐ long　長い　　☐ short　短い

複…複数形

書いて練習のワーク

⭐ 読みながらなぞって、2 ～ 3 回書きましょう。

head

頭

neck

首

eye

目

ear

耳

nose

鼻

mouth

口

shoulder

肩

leg

足、脚

hand

手

Unit 5

We live together. ② ― 3

基本のワーク

学習の目標・
動物の特徴や習慣について英語で言えるようになりましょう。

🔊音声

♪a35 教科書 56〜59ページ

❶ 動物を演じてクイズを出すときの言い方①

✓言えたらチェック □□□

I live in the savanna. I eat grass.
わたしはサバンナに暮らしています。わたしは草を食べます。

✿暮らしている場所を言うときは、I live in 〜.（わたしは〜に暮らしています）と言います。
✿食べるものを言うときは、I eat 〜.（わたしは〜を食べます）と言います。

🔊 声に出して言ってみよう　□に入る言葉を入れかえて言いましょう。

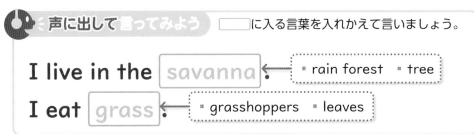

I live in the ⌷savanna⌷.　・rain forest　・tree
I eat ⌷grass⌷.　・grasshoppers　・leaves

➕ちょこっとプラス
「サバンナに暮らす」「海に暮らす」はそれぞれ live in the savanna、live in the sea ですが、「氷の上に暮らす」は live on the ice と言います。

❷ 動物を演じてクイズを出すときの言い方②

✓言えたらチェック □□□

I have a long neck. Who am I?
わたしには長い首があります。わたしはだれでしょう。

✿体の特徴を言うときは、I have 〜.（わたしには〜があります）のように言います。
✿「わたしはだれでしょう」は、Who am I? と言います。

🔊 声に出して言ってみよう　□に入る言葉を入れかえて言いましょう。

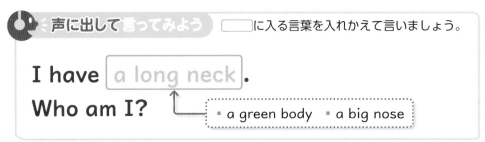

I have ⌷a long neck⌷.
Who am I?　・a green body　・a big nose

📝表現べんり帳
That's right［ザァッツ ライト］. は「そうです」や「そのとおりです」という意味です。

 ステップアップ 【持ち物、特徴の言い方】・I have 〜.（わたしは〜を持っています / わたしには〜があります）
例・I have a racket.（わたしはラケットを持っています）・I have big wings.（わたしには大きなつばさがあります）

書いて練習のワーク

○ 読みながらなぞって、もう１回書きましょう。

I live in the savanna.

わたしはサバンナに暮らしています。

I eat grass.

わたしは草を食べます。

I have a long neck.

わたしには長い首があります。

Who am I?

わたしはだれでしょう。

I live in the rain forest.

わたしは熱帯雨林に暮らしています。

I have a green body.

聞く
話す
読む
書く

わたしは緑の体をしています。

 状態、様子を表す言葉は、ものを表す言葉の前に置いて、それが「どんな」ものであるかを説明するのによく
使われるよ。例・a long pencil［ペンスル］（長いえんぴつ）・an old book［アン オゥルド ブック］（古い本）

聞いて練習のワーク

教科書 56〜59 ページ　答え 8 ページ

できた数 /7問中

🔊音声

1 音声を聞いて、絵の内容と合っていれば○、合っていなければ×を（ ）に書きましょう。

♪ t15

(1)

（　　　）

(2)

（　　　）

(3)

（　　　）

(4)

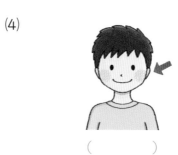

（　　　）

2 音声を聞いて、だれがどの動物を演じているか、それぞれ線で結びましょう。　♪ t16

(1)

Reika

(2)

Nao

(3)

Suzu

まとめのテスト

We live together. ②

得点

/50点

教科書 56〜59 ページ　答え 8 ページ

時間 20分

1 日本語の意味に合うように、（　）の中から正しいほうを選んで、◯で囲みましょう。

1つ5点〔20点〕

(1) わたしには大きい角^{つの}があります。

I have a (small / big) horn.

(2) わたしは砂漠^{さばく}に暮らしています。

I (live / eat) in the desert.

(3) わたしは葉を食べます。

I (live / eat) leaves.

(4) わたしはだれでしょう。

(What / Who) am I?

2 日本語の意味を表す英語の文を ┈┈ から選んで、―― に書きましょう。　1つ10点〔30点〕

(1) わたしは魚を食べます。

(2) わたしは白い体をしています。

(3) わたしは湖に暮らしています。

> I eat jellyfish. / I live in the lake.
> I have a white body. / I eat fish.
> I live in the sea. / I have short legs.

聞く
話す
読む
書く

I want to go to Italy. — 1

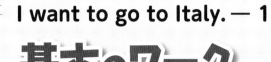

世界の国の名前を表す言葉を覚えよう！

⭐ リズムに合わせて、声に出して言いましょう。　　✓言えたらチェック ☐☐☐　♪a36

☐ **Australia**

オーストラリア

☐ **Brazil**

ブラジル

☐ **Canada**

カナダ

☐ **China**

<ruby>中国<rt>ちゅうごく</rt></ruby>

☐ **India**

インド

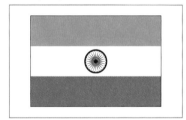

☐ **Italy**

イタリア

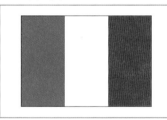

☐ **Kenya**

ケニア

☐ **Peru**

ペルー

☐ **the U.S.**

アメリカ

ワードボックス

♪a37

☐ France　フランス
☐ New York　ニューヨーク
☐ the Great Wall　<ruby>万里<rt>ばんり</rt></ruby>の<ruby>長城<rt>ちょうじょう</rt></ruby>
☐ Machu Picchu　マチュピチュ
☐ Chinese　中国の

☐ Rome　ローマ
☐ the Taj Mahal　タージマハル
☐ the Statue of Liberty　自由の<ruby>女神<rt>めがみ</rt></ruby>像
☐ the Eiffel Tower　エッフェル<ruby>塔<rt>とう</rt></ruby>
☐ French　フランスの

書いて練習のワーク

⭐ 読みながらなぞって、1 〜 3 回書きましょう。

Australia

オーストラリア

Brazil

ブラジル

Canada

カナダ

China

中国

India

インド

Italy

イタリア

Kenya

ケニア

Peru

ペルー

the U.S.

アメリカ

聞く
話す
読む
書く

　オーストラリア国旗の左上の部分は、ユニオンジャックといってイギリスとのつながりを表しているよ。

I want to go to Italy. ― 2

基本のワーク

学習の目標・
世界の国でできること
を英語で言えるように
なりましょう。

🔊音声

教科書 62〜69 ページ

世界の国でできることに関する言葉を覚えよう！

⭐ リズムに合わせて、声に出して言いましょう。　✓言えたらチェック □□□　♪a38

☐ **visit**

訪問する

☐ **see**

見る、見える

☐ **eat**

食べる

☐ **drink**

飲む

☐ **buy**

買う

☐ **enjoy**

楽しむ

☐ **watch**

〈テレビなどを〉見る

☐ **play**

〈スポーツなどを〉する、演奏する

☐ **climb**

登る

Word ワードボックス

♪a39

☐ **food**　食べ物
☐ **curry**　カレー
☐ **aurora(s)**　オーロラ
☐ **koala(s)**　コアラ

☐ **escargots**　エスカルゴ
☐ **pizza**　ピザ
☐ **baseball game(s)**　野球の試合
☐ **kangaroo(s)**　カンガルー

☐ **dumpling(s)**　ゆでだんご
☐ **maple syrup**　メープルシロップ
☐ **Major League**　メジャーリーグ
☐ **wild animal(s)**　野生の動物

書いて練習のワーク

⭐ 読みながらなぞって、2〜3回書きましょう。

visit

訪問する

see

見る、見える

eat

食べる

drink

飲む

buy

買う

enjoy

楽しむ

watch

〈テレビなどを〉見る

play

〈スポーツなどを〉する、演奏する

climb

登る

聞く

話す

読む

書く

何も付けずに tea と言うと、ふつう「紅茶」のことをさすよ。green tea と言うと「緑茶」という意味になるよ。

73

学習の目標
世界の国でできること
を英語で言えるように
なりましょう。

音声

I want to go to Italy. — 3

基本のワーク

♪ a40 ｜ 教科書 64〜69 ページ

① 国のたずね方と答え方

✓ 言えたらチェック □□□

What country is this?
これは何という国ですか。

It's Italy.
それはイタリアです。

✱「これは何という国ですか」は、**What country is this?** と言います。

✱ 答えるときは、**It's 〜.**（それは〜です）と言います。「〜」に国を表す言葉を入れます。

🔊 声に出して **書ってみよう** 　□に入る言葉を入れかえて言いましょう。

たずね方 **What country is this?**

答え方 **It's** | Italy | **.** 　· Canada 　· India 　· the U.S.

📝 表現べんり帳
国の名前をたずねるときは、
What's this country?
（この国は何ですか）と
言うこともできます。

② 世界の国でできることの言い方

✓ 言えたらチェック □□□

In Italy, you can visit Rome.
イタリアでは、ローマをおとずれることができます。

✱ 世界の国でできることを言うときは、**In 〜, you can ….**（〜では、…することができます）
と言います。「〜」に国を表す言葉、「…」に動作を表す言葉を入れます。

🔊 声に出して **書ってみよう** 　□に入る言葉を入れかえて言いましょう。

In | Italy | **, you can** | visit Rome | **.**

· Canada 　· India
· the U.S.

· buy maple syrup 　· eat curry
· see baseball games

📝 表現べんり帳
「何と言いましたか」と
相手の言ったことを聞き
返すときは、Sorry［サ
リィ］? などと言います。

ステップ
アップ
文の最後に the U.S. や P.E. のようなピリオドの付く言葉がくるときは、ピリオドを2つ重ねることはせずに
1つだけにします。　例 I like P.E.　✕ I like P.E..

書いて練習のワーク

☆読みながらなぞって、もう1回書きましょう。

What country is this?

これは何という国ですか。

It's Italy.

それはイタリアです。

It's the U.S.

それはアメリカです。

In Italy, you can visit Rome.

イタリアでは、ローマをおとずれることができます。

In Canada, you can buy maple syrup.

カナダでは、メープルシロップを買うことができます。

In India, you can eat curry.

🎧 聞く
🎤 話す
📖 読む
✏️ 書く

インドでは、カレーを食べることができます。

 北アメリカの4大プロスポーツといえば、野球 (baseball)、アメリカンフットボール (American football [アメリカン フトゥボール])、バスケットボール (basketball)、アイスホッケー (ice hockey [アイス ハキィ]) だよ。

I want to go to Italy. ― 4

基本のワーク

学習の目標・
行きたい国とその理由
について英語で言える
ようになりましょう。

♪ a41 | 教科書 66〜69ページ

---

❶ 行きたいところのたずね方と答え方

✓言えたらチェック □□□

> **Where do you want to go?**
> あなたはどこに行きたいですか。

> **I want to go to Canada.**
> わたしはカナダに行きたいです。

✿「あなたはどこに行きたいですか」は、**Where do you want to go?** と言います。

✿「わたしは〜に行きたいです」は、**I want to go to 〜.** と言います。

🔊 声に出して書ってみよう □□□ に入る言葉を入れかえて言いましょう。

（たずね方）**Where do you want to go?**

（答え方）**I want to go to** | Canada |**.**

　　　　・China　・France　・Kenya

➕ちょこっとプラス

where は「どこに」とい
う意味です。場所をたず
ねるときに使います。
例 Where is my book?
　わたしの本はどこに
　ありますか。

---

❷ 理由のたずね方と答え方

✓言えたらチェック □□□

> **Why?**
> なぜですか。

> **I want to see the beautiful mountains.**
> わたしは美しい山が見たいです。

✿「なぜですか」は、**Why?** と言います。**I want to 〜.**（わたしは〜したいです）のように答えます。

🔊 声に出して書ってみよう □□□ に入る言葉を入れかえて言いましょう。

（たずね方）**Why?**

（答え方）**I want to** | see the beautiful mountains |**.**

　　　　・eat Chinese food　・visit the Eiffel Tower
　　　　・see wild animals

➕ちょこっとプラス

why は「なぜ」という意
味です。理由をたずねる
ときに使います。

ステップ
アップ
want は「〜がほしい」という意味ですが、want のあとに「〜すること」を表す〈to ＋動作を表す言葉〉がくると、
「〜がほしい」＋「〜すること」→「〜したい」という意味になります。

書いて練習のワーク

⭐ 読みながらなぞって、もう1回書きましょう。

Where do you want to go?

あなたはどこに行きたいですか。

I want to go to Canada.

わたしはカナダに行きたいです。

I want to go to France.

わたしはフランスに行きたいです。

Why?

なぜですか。

I want to see the beautiful mountains.

わたしは美しい山が見たいです。

 理由をたずねられたときには、because［ビコーズ］を使って答えることもできるよ。because は「～だから」という意味だよ。例 Because I want to see the beautiful mountains.

Unit 6

聞いて練習のワーク

でった数

／7問中

🔊音声

教科書 62〜69 ページ　　答え 9 ページ

① 音声を聞いて、英語に合う絵を下から選んで、（　）に記号を書きましょう。　♪t17

(1) (　　　　)　　(2) (　　　　)　　(3) (　　　　)　　(4) (　　　　)

中国
ア

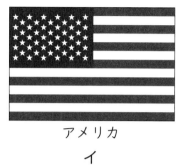

アメリカ
イ

日本
ウ

ブラジル
エ

② 音声を聞いて、話している内容を から選んで、（　）に日本語で書きましょう。

♪t18

	テーマ	答　え
(1)	行きたい国	(　　　　　　　　　　　)
(2)	その理由	(　　　　　　　　　　　) を食べたいから
(3)	その国でできること	(　　　　　　　　　　　) をおとずれること

インド　エッフェル塔　ローマ　とてもおいしいカレー
フランス　マチュピチュ　イタリア　とてもおいしいピザ

まとめのテスト

I want to go to Italy.

得点 /50点

時間 20分

教科書 62〜69ページ 答え 9ページ

1 日本語の意味になるように [____] から選んで、____ に英語を書きましょう。文の最初にくる言葉は大文字で書き始めましょう。 1つ8点〔24点〕

(1) わたしはカナダに行きたいです。

I _____ go to Canada.

(2) なぜですか。

_____ ?

> why / exciting / want to
> beautiful / where

(3) 〔(2)に答えて〕 カナダでは、美しいオーロラを見ることができます。

In Canada, you can see the _____ auroras.

2 日本語の意味を表す英語の文を [____] から選んで、____ に書きましょう。 1つ13点〔26点〕

(1) あなたはどこに行きたいですか。

_____

(2) 〔(1)に答えて〕 わたしはフランスに行きたいです。

_____

> Where do you want to go? / What country is this?
> I want to go to India. / I want to go to France.

聞く
話す
読む
書く

世界の友達2

プラスワーク

教科書 70〜71 ページ　答え 10 ページ

1 アキのニランさんへのインタビューを聞いて、次の質問に答えましょう。

(1) ニランさんがこの前の土曜日にしたスポーツを表す絵を選んで、（　）に記号を書きましょう。

ア　　　　　　　　　イ　　　　　　　　　ウ

（　　　　）

(2) ニランさんが行きたい国を2つ選んで、（　）に記号を書きましょう。

ア　ブラジル
イ　中国
ウ　フランス
エ　オーストラリア

（　　　、　　　）

(3) ニランさんが見たいと思っているものを（　）に日本語で書きましょう。

たくさんの（　　　　　　　）

　カルラさんへのインタビューの内容に合うように、［　　　］から選んで（　）に日本語で書きましょう。

	テーマ	答　え	感想・様子
(1)	この前の土曜日にしたこと	野球の試合を見た	（　　　　　　　）
(2)	夏に楽しめること	（　　　　　　　）	有名
(3)	夏休みにしたいこと	（　　　　　　　）	楽しい

> すばらしい　花火　バーベキュー
> わくわくした　魚つり　祭り

学習の目標
部活動を表す英語を言えるようになりましょう。

音声

My Dream ① ― 1

基本のワーク

教科書 74〜77 ページ

部活動を表す言葉を覚えよう！

⭐ リズムに合わせて、声に出して言いましょう。　✓言えたらチェック ☐☐☐　♪a42

☐ **basketball team**
複 basketball teams
バスケットボール部

☐ **baseball team**
複 baseball teams
野球部

☐ **brass band**
複 brass bands
ブラスバンド部

☐ **soccer team**
複 soccer teams
サッカー部

☐ **art club**
複 art clubs
美術部

☐ **science club**
複 science clubs
科学部

☐ **drama club**
複 drama clubs
えんげき
演劇部

☐ **computer club**
複 computer clubs
コンピュータ部

☐ **chorus** 複 choruses
合唱部

ワードボックス

♪a43

☐ volleyball team(s)　バレーボール部　　☐ track team(s)　陸上部　　☐ dance club(s)　ダンス部
☐ newspaper club(s)　新聞部　　☐ *kendo* club(s)　けんどう 剣道部　　☐ junior high school(s)　中学校

 発音コーチ

team や club は日本語の「チーム」「クラブ」とは発音がちがうので注意しましょう。team の t は上の
した
歯ぐきを舌の先ではじくようにして発音します。club は最後の b を強く発音しないようにしましょう。

複…複数形

書いて練習のワーク

✿ 読みながらなぞって、1 ～ 2 回書きましょう。

basketball team

バスケットボール部

baseball team

野球部

brass band

ブラスバンド部

soccer team

サッカー部

art club

美術部

science club

科学部

drama club

演劇部

computer club

コンピュータ部

chorus

合唱部

 他のグループとスポーツなどの試合をする部活動には team を使い、定期的に集まってスポーツや文化的な活動をする部活動には club を使うことが多いよ。

83

学習の目標・
入りたい部活動について英語で言えるようになりましょう。

🔊 音声

My Dream ① ― 2
基本のワーク

♪ a44　教科書 74〜77 ページ

❶ 入りたい部活動のたずね方

✓ 言えたらチェック □□□

What club do you want to join?
あなたは何の部活動に入りたいですか。

✿ 入りたい部活動をたずねるときは、What club do you want to join?（あなたは何の部活動に入りたいですか）と言います。

🔵 声に出して**言ってみよう**　次の英語を言いましょう。

たずね方 **What club do you want to join?**

➕ ちょこっとプラス
what club が「何の部活動」、join が「〜に加わる」という意味です。

❷ 入りたい部活動の答え方

✓ 言えたらチェック □□□

I want to join the science club.
わたしは科学部に入りたいです。

✿ 入りたい部活動を答えるときは、I want to join 〜.（わたしは〜に入りたいです）のように言います。「〜」に部活動を表す言葉を入れます。

🔵 声に出して**言ってみよう**　□□に入る言葉を入れかえて言いましょう。

答え方 **I want to join the**  science club **.**
　　　　　　　　　　　　　　　　　↑
　　　　　• basketball team　• baseball team　• soccer team
　　　　　• art club　　　　　• drama club　　• brass band

📝 表現べんり帳
最後に in junior high school（中学校で）を付けて、I want to join 〜 in junior high school.（わたしは中学校で〜に入りたいです）と言うこともできます。

小学校は elementary school、中学校は junior high school、高校は high school と言います。
elementary は「初級の、初歩の」、junior は「下の、下級の」という意味です。

書いて練習のワーク

☆読みながらなぞって、もう1回書きましょう。

What club do you want to join?

あなたは何の部活動に入りたいですか。

I want to join the science club.

わたしは科学部に入りたいです。

I want to join the baseball team.

わたしは野球部に入りたいです。

I want to join the art club.

わたしは美術部に入りたいです。

I want to join the brass band.

聞く
話す
読む
書く

わたしはブラスバンド部に入りたいです。

英語のトビラ brass band は金管楽器を中心に演奏する楽団をさすよ。バイオリンなどの弦楽器を多く使う楽団は orchestra
[オーケストゥラ]（オーケストラ）と言うよ。

85

My Dream ① — 3

基本のワーク

教科を表す言葉を覚えよう！

☆ リズムに合わせて、声に出して言いましょう。　✓言えたらチェック □□□　♪a45

☐ **subject**
　　　　　複subjects
教科

☐ **English**
英語

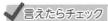

☐ **Japanese**
国語

☐ **science**
理科

☐ **math**
算数、数学

☐ **social studies**
社会科

☐ **P.E.**
体育

☐ **music**
音楽

☐ **calligraphy**
書写

☐ **home economics**
家庭科

☐ **arts and crafts**
図画工作

☐ **moral education**
道徳

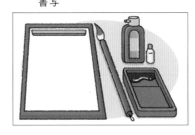

複…複数形

書いて練習のワーク

☆ 読みながらなぞって、1〜2回書きましょう。

subject

教科

English

英語

Japanese

国語

science

理科

math

算数、数学

social studies

社会科

P.E.

体育

music

音楽

calligraphy

書写

home economics

家庭科

arts and crafts

図画工作

moral education

道徳

 アメリカでは、制服がない中学校が多いよ。また、音楽（合唱・吹奏楽など）や美術、外国語などの教科は自分で好きなものを選べるんだ。

My Dream ① — 4

基本のワーク

♪ a46　教科書 74〜77 ページ

 ① 勉強したい教科のたずね方　　✓言えたらチェック □□□

> **What do you want to study?**
> あなたは何を勉強したいですか。

❀ 何を勉強したいかたずねるときは、**What do you want to study?**（あなたは何を勉強したいですか）のように言います。

🔊 声に出して **言ってみよう**　次の英語を言いましょう。

たずね方 **What do you want to study?**

➕ **ちょこっとプラス**
「あなたは中学校で何がしたいですか」は、What do you <u>want to do</u> in junior high school? と言います。

② 勉強したい教科の答え方　　✓言えたらチェック □□□

> **I want to study English.**
> わたしは英語を勉強したいです。

❀ 勉強したい教科を答えるときは、**I want to study 〜.**（わたしは〜を勉強したいです）のように言います。「〜」に教科の名前を入れます。

🔊 声に出して **言ってみよう**　□に入る言葉を入れかえて言いましょう。

答え方 **I want to study** [English] **.**
↑

　▪ science　▪ math　▪ home economics
　▪ arts and crafts

💡 **思い出そう**
want to 〜 は「〜したい」という願望を表し、want は「〜がほしい」という意味を表します。

88

 and を使うと、「〜と…」という意味で2つの言葉をならべて言うことができます。
例 I want to study math and science.（わたしは算数と理科を勉強したいです）

書いて練習のワーク

⭐ 読みながらなぞって、もう1回書きましょう。

What do you want to study?

あなたは何を勉強したいですか。

I want to study English.

わたしは英語を勉強したいです。

I want to study science.

わたしは理科を勉強したいです。

I want to study math.

わたしは算数を勉強したいです。

I want to study home economics.

わたしは家庭科を勉強したいです。

聞く
話す
読む
書く

 science には「理科」の他に「自然科学」という意味もあるよ。math は「算数」、「数学」という意味だよ。

聞いて練習のワーク

教科書 74〜77 ページ　答え 11 ページ

できた数

／7問中

🔊音声

1 音声を聞いて、絵の内容と合っていれば○、合っていなければ×を（　）に書きましょう。

(1)

（　　　　）

(2)

♪ t21

（　　　　）

(3)

（　　　　）

(4)

（　　　　）

2 音声を聞いて、それぞれの入りたい部活動と勉強したい教科を下から選んで、（　）に記号を書きましょう。

♪ t22

	名　前	入りたい部活動	勉強したい教科
(1)	Haru	（　　　）	（　　　）
(2)	Saki	（　　　）	（　　　）
(3)	Ryo	（　　　）	（　　　）

ア 剣道部　　　イ ブラスバンド部　　　ウ バスケットボール部

エ 道徳　　　オ 書写　　　カ 社会科

まとめのテスト

My Dream ①

得点
/50点

時間
20分

教科書 74〜77 ページ 答え 11 ページ

1 日本語の意味を表す英語を _____ から選んで、___ に書きましょう。 1つ5点〔20点〕

(1) 新聞部

(2) 陸上部

(3) 科学部

(4) 演劇部（えんげき）

> basketball team / science club / newspaper club
> brass band / track team / drama club

2 日本語の意味を表す英語の文を _____ から選んで、___ に書きましょう。 1つ10点〔30点〕

(1) あなたは何を勉強したいですか。

(2) [(1)に答えて]　わたしは社会科を勉強したいです。

(3) わたしは美術部に入りたいです。

> What do you want to study?
> What club do you want to join?
> I want to join the art club.
> I want to study social studies.

聞く
話す
読む
書く

My Dream ② — 1

基本のワーク

学習の目標

職業を表す言葉を英語で言えるようになりましょう。

音声

教科書 78〜81 ページ

職業を表す言葉を覚えよう！

⭐ リズムに合わせて、声に出して言いましょう。　✓言えたらチェック □□□　♪ a47

☐ **astronaut** 　⑧astronauts
宇宙飛行士（うちゅうひこうし）

☐ **baseball player** 　⑧baseball players
野球選手

☐ **designer** 　⑧designers
デザイナー

☐ **vet** 　⑧vets
獣医（じゅうい）

☐ **zookeeper** 　⑧zookeepers
動物園の飼育員

☐ **chef** 　⑧chefs
コック、料理人

☐ **artist** 　⑧artists
芸術家

☐ **manga artist** 　⑧manga artists
マンガ家

☐ **teacher** 　⑧teachers
先生

☐ **florist** 　⑧florists
生花店の店主

☐ **farmer** 　⑧farmers
農場主

☐ **firefighter** 　⑧firefighters
消防士

⑧…複数形

書いて練習のワーク

⭐ 読みながらなぞって、1 〜 3 回書きましょう。

astronaut

宇宙飛行士

baseball player

野球選手

designer

デザイナー

vet

獣医

zookeeper

動物園の飼育員

chef　　　　　　　artist

コック、料理人　　　　　　　芸術家

manga artist

マンガ家

teacher　　　　florist

先生　　　　　　　生花店の店主

farmer

農場主

🎧 聞く
🎤 話す
📖 読む
✏️ 書く

firefighter

消防士

　astro- は「宇宙」という意味を表すよ。例えば、astronomer［アストゥラノマァ］は天文学者のことだよ。

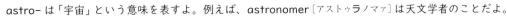

勉強した日 ▶ 　月　　日

学習の目標・
つきたい職業を表す英語を言えるようになりましょう。

音声

My Dream ② ― 2

基本のワーク

教科書 78〜81 ページ

つきたい職業を表す言葉を覚えよう！

⭐ リズムに合わせて、声に出して言いましょう。　✔言えたらチェック □□□　♪a48

☐ **actor** 　複 actors
はいゆう
俳優、役者

☐ **soccer player** 　複 soccer players
サッカー選手

☐ **nursery teacher** 　複 nursery teachers
保育士

☐ **journalist** 　複 journalists
ジャーナリスト

☐ **robot creator** 　複 robot creators
ロボットクリエーター

☐ **nurse** 　複 nurses
かんごし
看護師

☐ **doctor** 　複 doctors
医者

☐ **dentist** 　複 dentists
歯医者、歯科医師

☐ **hair stylist** 　複 hair stylists
美容師

ワードボックス　　　　　　　　　　　♪a49

☐ help animals 　動物を助ける
☐ act in many films 　たくさんの映画に出演する
☐ go to space 　宇宙に行く
☐ play soccer in Brazil 　ブラジルでサッカーをする
☐ design shoes 　靴をデザインする

☐ help people 　人々を助ける
☐ draw pictures 　絵をかく
☐ work abroad 　外国で働く
☐ like children 　子供たちが好き
☐ interested in robots 　ロボットに興味がある

複…複数形

書いて練習のワーク

☆ 読みながらなぞって、1〜3回書きましょう。

actor

俳優、役者

soccer player

サッカー選手

nursery teacher

保育士

journalist

ジャーナリスト

robot creator

ロボットクリエーター

nurse

看護師

doctor

医者

dentist

歯医者、歯科医師

hair stylist

美容師

英語のトビラ　職業を表す言葉で前に an を付けるものには、an astronaut［アストゥロノート］（宇宙飛行士）、an engineer［エンヂニア］（技術者、エンジニア）、an office worker［オ（ー）フィス ワーカァ］（会社員）などがあるよ。

My Dream ② — 3

基本のワーク

学習の目標・
つきたい職業とその理由について英語で言えるようになりましょう。

🔊音声

♪a50 　教科書 78〜81 ページ

① つきたい職業のたずね方と答え方

✓言えたらチェック ☐☐☐

What do you want to be?
あなたは何になりたいですか。

I want to be a nurse.
わたしは看護師になりたいです。

✿つきたい職業をたずねるときは、**What do you want to be?**（あなたは何になりたいですか）
と言います。答えるときは、**I want to be 〜.**（わたしは〜になりたいです）と言います。

🔊 声に出して書いてみよう 　☐に入る言葉を入れかえて言いましょう。

たずね方 **What do you want to be?**

答え方 **I want to be** a nurse .

- an astronaut ・ an artist ・ a nursery teacher

➕ちょこっとプラス

want to be 〜は「〜になりたい」という意味です。
答えるときは職業を表す言葉をはっきり強めて言いましょう。

② 理由のたずね方と答え方

✓言えたらチェック ☐☐☐

Why?
なぜですか。

I want to help people.
わたしは人々を助けたいです。

✿理由をたずねるときは、**Why?**（なぜですか）と言います。**I want to 〜.**（わたしは〜したいです）や **I like 〜.**（わたしは〜が好きです）などを使って理由を言いましょう。

🔊 声に出して書いてみよう 　☐に入る言葉を入れかえて言いましょう。

たずね方 **Why?**

答え方 **I** want to help people .

- want to go to space ・ want to draw pictures ・ like children

📖表現べんり帳

相手のつきたい職業を聞いたら、Good luck!
［グッド ラック］（がんばってね）などとはげますとよいでしょう。

ステップアップ
I want to be 〜に「将来」を表す in the future［フューチァ］を付けて、I want to be 〜 in the future.（わたしは将来〜になりたいです）と言うこともできます。

書いて練習のワーク

☆ 読みながらなぞって、1〜3回書きましょう。

What do you want to be?

あなたは何になりたいですか。

I want to be a nurse.

わたしは看護師になりたいです。

Why?

なぜですか。

I want to help people.

わたしは人々を助けたいです。

I want to be an astronaut.

わたしは宇宙飛行士になりたいです。

聞く
話す
読む
書く

 将来つきたい職業なんて、まだわからない場合もあるよね。「まだわかりません」は、I don't know［ノウ］yet
［イェット］. / I'm not sure［シュア］yet. / I have no idea［アイディ（ー）ア］. などと言うよ。

97

Unit 7

聞いて練習のワーク

教科書 78〜81 ページ 答え 12 ページ

できた数

/7問中

🔊音声

① 音声を聞いて、絵の内容と合っていれば○、合っていなければ×を（ ）に書きましょう。

(1)

（　　　）

(2)
🎵 t23

（　　　）

(3)

（　　　）

(4)

（　　　）

② 音声を聞いて、それぞれがつきたい職業とその理由を下から選んで、（ ）に記号を書きましょう。

🎵 t24

	名　前	つきたい職業	理　由
(1)	Saori	（　　　）	（　　　）
(2)	Sam	（　　　）	（　　　）
(3)	Linda	（　　　）	（　　　）

ア 消防士　　　　　イ 宇宙飛行士　　　　ウ デザイナー

エ 宇宙に行きたい　オ 靴をデザインしたい　カ 人々を助けたい

まとめのテスト

My Dream ②

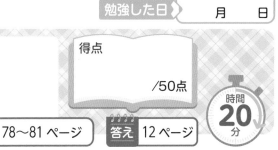

得点 /50点

時間 20分

教科書 78〜81 ページ 答え 12 ページ

1 日本語の意味になるように ┌┈┐ から選んで、▭ に英語を書きましょう。文の最初にくる言葉は大文字で書き始めましょう。　　　　　1つ5点〔20点〕

⑴ あなたは何になりたいですか。

　　▭ do you want to be?

⑵ [⑴に答えて]　わたしは獣医になりたいです。

I want to be a ▭.

⑶ なぜですか。

　　▭ ?

dentist / vet
like / what
why / want

⑷ [⑶に答えて]　わたしは動物が好きです。

I ▭ animals.

2 日本語の意味を表す英語の文を ┌┈┐ から選んで、▭ に書きましょう。　1つ10点〔30点〕

⑴ わたしはジャーナリストになりたいです。

⑵ わたしは外国で働きたいです。

⑶ わたしは子供たちが好きです。

I like children. / I want to work abroad.
I want to be a journalist. / I want to be a designer.

聞く
話す
読む
書く

My Best Memory — 1
基本のワーク

学校行事を表す言葉を覚えよう！

☆ リズムに合わせて、声に出して言いましょう。　　✔言えたらチェック □□□　♪a51

☐ **sports day**
複 sports days
運動会

☐ **entrance ceremony**
複 entrance ceremonies
入学式

☐ **graduation ceremony**
複 graduation ceremonies
卒業式

☐ **swimming meet**
複 swimming meets
水泳競技会

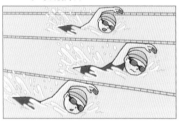

☐ **field trip**
複 field trips
遠足、社会科見学

☐ **school trip**
複 school trips
修学旅行

☐ **music festival**
複 music festivals
音楽祭

☐ **volunteer day**
複 volunteer days
ボランティアの日

☐ **drama festival**
複 drama festivals
学芸会

Word ワードボックス
♪a52

☐ art festival(s)　芸術祭　　　　☐ best　もっともよい、最高の
☐ memory(memories)　思い出

😊 発音コーチ

volunteer の v は、下くちびるに上の前歯を軽く当てて「ヴ」と発音します。また、強く読むところが日本語の「ボランティア」とはちがうので注意しましょう。　　※▼の付いているところを強く読みます。

複…複数形

書いて練習のワーク

☆ 読みながらなぞって、1 ～ 2 回書きましょう。

sports day

運動会

entrance ceremony

入学式

graduation ceremony

卒業式

swimming meet

水泳競技会

field trip

遠足、社会科見学

school trip

修学旅行

music festival

音楽祭

volunteer day

ボランティアの日

drama festival

学芸会

聞く
話す
読む
書く

 行事の時期は国によってさまざまだよ。例えば、日本では 4 月に入学式をするけど、中国やカナダ、イギリスではふつう 9 月に入学式をするよ。

勉強した日 ▶　　月　　日

My Best Memory — 2

基本のワーク

教科書 84〜91 ページ

学校行事でしたことを表す言葉を覚えよう！

⭐ リズムに合わせて、声に出して言いましょう。　✓言えたらチェック □□□　♪a53

☐ **saw**

見た、見えた

☐ **visited**

訪問<ほうもん>した

☐ **went**

行った

☐ **ate**

食べた

☐ **enjoyed**

楽しんだ

☐ **sang**

歌った

☐ **played**

〈スポーツなどを〉した、演奏<えんそう>した

☐ **made**

作った

☐ **talked**

話した

 ワードボックス

♪a54

☐ won　勝った
☐ prize　賞
☐ helped　手伝<てつだ>った
☐ cleaned　そうじをした
☐ recorder(s)　リコーダー
☐ factory(factories)　工場
☐ temple(s)　寺
☐ shrine(s)　神社
☐ camping trip(s)　キャンプ旅行

書いて練習のワーク

☆ 読みながらなぞって、2 〜 3 回書きましょう。

saw

見た、見えた

visited

訪問した

went

行った

ate

食べた

enjoyed

楽しんだ

sang

歌った

played

〈スポーツなどを〉した、演奏した

made

作った

talked

話した

 「旅行」を表す英語には、trip の他に travel [トゥラヴ（ェ）ル] や tour [トゥア] もあるよ。一般的に「旅行」と言うときは travel を使うよ。trip は比較的短い旅行、tour は観光などであちこち回る旅行をさすんだ。

103

Unit 8

My Best Memory ― 3

基本のワーク

❶ いちばんの思い出のたずね方と答え方

 言えたらチェック □□□

What's your best memory?
あなたのいちばんの思い出は何ですか。

My best memory is our music festival.
わたしのいちばんの思い出は音楽祭です。

✿「あなたのいちばんの思い出は何ですか」は、What's your best memory? と言います。

✿ 答えるときは、My best memory is our 〜.（わたしのいちばんの思い出は〜です）と言います。

🔊 声に出して 書ってみよう　　☐ に入る言葉を入れかえて言いましょう。

たずね方 **What's your best memory?**

答え方 **My best memory is our** [music festival] .

・ sports day　・ field trip

➕ ちょこっとプラス
our は「わたしたちの」という意味です。「〜の」を表す言葉は my（わたしの）、your（あなたの、あなたたちの）などもあります。

❷ 学校行事でしたことと感想の言い方

 言えたらチェック □□□

We sang songs. It was fun.
わたしたちは歌を歌いました。　楽しかったです。

✿「わたしたちは〜しました」と言うときは、過去の動作を表す言葉を使います。

✿ 過去にしたことの感想を言うときは、It was 〜.（〜でした）のように言います。

🔊 声に出して 書ってみよう　　☐ に入る言葉を入れかえて言いましょう。

We [sang songs] **.** ← ・ won first prize
　　　　　　　　　　　　・ visited a car factory

It was [fun] **.** ← ・ great　・ interesting

💡 思い出そう
「わたしは〜しました」と言うときは、we ではなく I を使います。
例 I sang songs.
　わたしは歌を歌いました。

【現在の動作を表す言葉と過去の動作を表す言葉】　・sing（歌う）→ sang（歌った）　・play（〈スポーツなどを〉する、演奏する）→ played（〈スポーツなどを〉した、演奏した）　・visit（訪問する）→ visited（訪問した）

書いて練習のワーク

⭐ 読みながらなぞって、もう1回書きましょう。

What's your best memory?

あなたのいちばんの思い出は何ですか。

My best memory is our music festival.

わたしのいちばんの思い出は音楽祭です。

We sang songs.

わたしたちは歌を歌いました。

We visited a car factory.

わたしたちは車の工場をおとずれました。

It was fun.

楽しかったです。

 相手の話におどろいたときや相づちを打つときは、Really? [リー（ア）リィ]（本当に？）や Wonderful! [ワンダフル]（すばらしい！）のように言ってみよう。

105

聞いて練習のワーク

教科書 84〜91ページ 答え 13ページ

1 音声を聞いて、絵の内容と合っていれば○、合っていなければ×を（ ）に書きましょう。

(1)

（ ）

(2)

♪ t25

（ ）

(3)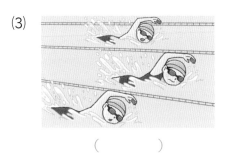

（ ）

(4)

（ ）

2 音声を聞いて、それぞれのいちばんの思い出とそのときにしたことを下から選んで、（ ）に記号を書きましょう。

♪ t26

	名　前	いちばんの思い出	そのときにしたこと
(1)	Jun	（ 　 ）	（ 　 ）
(2)	Sayaka	（ 　 ）	（ 　 ）
(3)	Noboru	（ 　 ）	（ 　 ）

ア 運動会　　　　イ 修学旅行　　　ウ 音楽祭

エ 寺をおとずれた　オ 歌を歌った　　カ バレーボールをした

まとめのテスト

My Best Memory

得点

/50点

時間 20分

教科書 84〜91 ページ　答え 13 ページ

1 日本語の意味を表す英語を　　から選んで、　　に書きましょう。　　1つ8点〔32点〕

(1) 入学式

(2) ボランティアの日

(3) 水泳競技会

(4) 卒業式

graduation ceremony / swimming meet
volunteer day / drama festival / entrance ceremony

2 日本語の意味になるように　　から選んで、　　に英語を書きましょう。文の最初にくる言葉は大文字で書き始めましょう。　　1つ6点〔18点〕

(1) あなたのいちばんの思い出は何ですか。

_____ your best memory?

(2) [(1)に答えて] わたしのいちばんの思い出は社会科見学です。

My best memory is our

_____ .

what's
interesting
field trip
sports day
fun
what

(3) [(2)に続けて] 楽しかったです。

It was _____ .

世界の友達3

プラスワーク

教科書 92〜93ページ　答え 14ページ

1️⃣ ユナさんから届いたはがきを読んで、次の質問に答えましょう。

⭐音声も聞きましょう。 🎵t27

> Hello. I'm Yuna from Korea.
>
> I like English.
>
> I want to read many books.
>
> I want to be a teacher.

(1) ユナさんの好きな教科を表す絵を選んで、（　）に記号を書きましょう。

ア　　　　　　　　イ　　　　　　　　ウ

（　　　　）

(2) ユナさんのやりたいことを選んで、（　）に記号を書きましょう。
　ア　一輪車に乗る
　イ　たくさんの本を読む
　ウ　なわとびをする

（　　　　）

(3) ユナさんがつきたい職業を（　）に日本語で書きましょう。

（　　　　）

2 レオンさんから届いたはがきを読んで、次の質問に答えましょう。

☆音声も聞きましょう。　

Hello.　I'm Leon from Germany.

I want to go to Italy in the future.

I want to eat delicious spaghetti.

I want to visit Rome.

(1) レオンさんの出身国を（　）に日本語で書きましょう。

（　　　　　　　）

(2) レオンさんがイタリアで食べたいものを表す絵を選んで、（　）に記号を書きましょう。

ア　　　　　　　　　イ　　　　　　　　　ウ

（　　　　）

(3) レオンさんがおとずれたい場所を選んで、（　）に記号を書きましょう。

ア　マチュピチュ
イ　ローマ
ウ　タージマハル

（　　　　）

リーディング レッスン

教科書 96〜97 ページ　答え 14 ページ

⭐ 次の英語の文章を3回読みましょう。

✓ 言えたらチェック ☐☐☐

ハチドリのクリキンディたちが暮らす森が火事になってしまいました。

🐦 **I don't want to go.**

🐻 **Why?**

🐦 **I can drop water on the fire.**

🐦 **I want to try it.**
　This is our home.

want to 〜：〜したい　Why?：なぜ？　drop：落とす　water：水　on：〜の上に　fire：火
try：やってみる　our：わたしたちの　home：家

森が火事になり、動物たちはにげようとしています。

文章の内容について、次の質問に答えましょう。

(1) 森に残ろうとしているのはだれですか。下から選んで（ ）に記号を書きましょう。

　　ア　クマ　　　　イ　ハチドリ　　　　ウ　キツネ

（　　　　　　）

(2) ハチドリができることを（ ）に日本語で書きましょう。

　　火の上に（　　　　　　　　　　　）を落とすこと。

(3) 文章の内容に合うように、（ ）の中から正しいほうを選んで▭で囲みましょう。

　　ハチドリは、森は自分たちの（　思い出　／　家　）だと言っています。

✿ 英文をなぞって書きましょう。

I don't want to go.

Why?

I can drop water on the

fire.

I want to try it.

This is our home.

111

英語の文の形

☆ 中学校での学習に向けて英語の文の形をおさらいしましょう。

▶「—は…です」の文

◆ am、are、isを使った文

I am Sakura.
I am = I'm　わたしはサクラです。

I am not Sakura.
I am not = I'm not
わたしはサクラではありません。

amのあとに
notがあるね。

You are Sakura.
あなたはサクラです。

Are you Sakura?
あなたはサクラですか。

Yes, I am. はい、そうです。

No, I am not.
いいえ、ちがいます。

Who is she? 彼女はだれですか。
She is Sakura.
彼女はサクラです。

isがsheの前に
出ているね。

▶「—は〜を…します」の文

◆ 動作・状態を表す言葉（動詞）を使った文

I have a ball.
わたしはボールを持っています。

I do not have a ball.
do not = don't
わたしはボールを持っていません。

doのあとに
notがあるね。

You have a ball.
あなたはボールを持っています。

Do you have a ball?
あなたはボールを持っていますか。

Yes, I do.
はい、持っています。

No, I do not.
いいえ、持っていません。

What do you have? あなたは何を持っていますか。
I have a ball.
わたしはボールを持っています。

doがyouの前に
出ているね。

● 「〜ではありません、〜しません」の文を否定文と言います。
● 「〜ですか、〜しますか」の文を疑問文と言います。

112

動画で復習 & アプリで練習！

重要表現まるっと整理

6年生の重要表現を復習するよ！動画でリズムにあわせて楽しく復習したい人は **1** を、はつおん練習にチャレンジしたい人は **2** を読んでね。**1** → **2** の順で使うとより効果的だよ！

1 「わくわく動画」の使い方

各ページの冒頭についているQRコードを読み取ると、動画の再生ページにつながります。

Alec先生に続けて子どもたちが1人ずつはつおんします。Alec先生が「You!」と呼びかけたらあなたの番です。

It's your turn!（あなたの番です）が出たら、画面に出ている英文をリズムにあわせてはつおんしましょう。

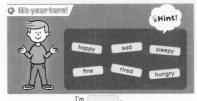

最後に自己表現の練習をします。
It's your turn! が出たら、画面上の英文をはつおんしましょう。　　　　　の中に入れる単語は **Hint!** も参考にしましょう。

2 「文理のはつおん上達アプリ おん達」の使い方

ホーム画面下の「かいわ」を選んで、学習したいタイトルをおします。

トレーニング
1 🔊 をおしてお手本の音声を聞きます。
2 🎤 をおして英語をふきこみます。
3 点数を確認し、▶ をおして自分の音声を聞きましょう。

チャレンジ
1 カウントダウンのあと会話が始まります。
2 🎤 が光ったら英語をふきこみ、最後にもう一度 🎤 をおします。
3 "Role Change!"と出たら役をかわります。

ダウンロード

アクセスコード
EQPJ3F9a

第 **1** 回

生活や家事について
重要表現まるっと整理

6-01

 動画

⭐ アプリを使って会話の練習をしましょう。80点以上になるように何度も練習しましょう。

トレーニング 生活や家事についての表現を練習しましょう。___の部分をかえて練習しましょう。

♪ s01

☐① What time do you usually <u>get up</u>?

・go to school ・have dinner ・go to bed

あなたはたいてい何時に起きますか。

☐② I usually <u>get up</u> at <u>7:00.</u>

・go to school ・have dinner ・go to bed ・8:00 ・6:30 ・9:00

わたしはたいてい7時に起きます。

☐③ What do you do in the morning?

あなたは午前中、何をしますか。

☐④ I <u>always</u> <u>walk the dog.</u>

・usually ・sometimes ・clean my room ・wash the dishes ・take out the garbage

わたしはいつもイヌを散歩させます。

チャレンジ 生活や家事についての会話を練習しましょう。

♪ s02

What time do you usually get up?

I usually get up at 7:00.

What do you do in the morning?

I always walk the dog.

第**2**回 行きたい国について

重要表現まるっと整理

6-02

動画

⭐アプリを使って会話の練習をしましょう。80点以上になるように何度も練習しましょう。

トレーニング 行きたい国についての表現を練習しましょう。＿＿の部分をかえて練習しましょう。

♪s03

☐① Where do you want to go?　あなたはどこへ行きたいですか。

☐② I want to go to Italy.　わたしはイタリアへ行きたいです。
　　　　　・Australia ・India ・Egypt

☐③ Why?　なぜですか。

まねして言ってみよう！

☐④ I want to eat pizza.　わたしはピザが食べたいです。
　　　　　・see koalas ・eat curry ・see the pyramids

チャレンジ 行きたい国についての会話を練習しましょう。

♪s04

Where do you want to go?

I want to go to Italy.

Why?

I want to eat pizza.

聞く 話す 読む 書く

第**3**回

夏休みにしたことについて

重要表現まるっと整理

6-03

▶動画

🌸 アプリを使って会話の練習をしましょう。80点以上になるように何度も練習しましょう。

トレーニング 夏休みにしたことについての表現を練習しましょう。＿＿の部分をかえて練習しましょう。

♪ s05

☐① How was your summer vacation?　　あなたの夏休みはどうでしたか。

☐② I went to <u>the mountains</u>.　　わたしは山へ行きました。

　　　　・the summer festival　・my grandparents' house　・the sea

☐③ I <u>enjoyed camping</u>.　　わたしはキャンプを楽しみました。

　　　　・saw fireworks　・ate watermelon　・enjoyed swimming

☐④ It was <u>great</u>.　　すばらしかったです。

　　　　・exciting　・delicious　・fun

チャレンジ 夏休みにしたことについての会話を練習しましょう。

♪ s06

How was your summer vacation?

I went to the mountains.

I enjoyed camping.
It was great.

第**4**回

自分の町について
重要表現まるっと整理

6-04

⭐ アプリを使って会話の練習をしましょう。80点以上になるように何度も練習しましょう。

トレーニング　自分の町についての表現を練習しましょう。___の部分をかえて練習しましょう。

♪ s07

□① We have a <u>stadium</u> in our town.

・zoo　・convenience store　・library

わたしたちの町にはスタジアムがあります。

□② We can <u>see soccer games</u> in the <u>stadium</u>.

・see many animals　・buy snacks　・read many books

・zoo　・convenience store　・library

わたしたちはスタジアムでサッカーの試合を見ることができます。

□③ We don't have <u>an aquarium</u> in our town.

・an amusement park　・a department store　・a bookstore

わたしたちの町には水族館がありません。

□④ I want <u>an aquarium</u> in our town.

・an amusement park　・a department store　・a bookstore

わたしはわたしたちの町に水族館がほしいです。

チャレンジ　自分の町について会話を練習しましょう。

♪ s08

We have a stadium in our town.
We can see soccer games in the stadium.

We don't have an aquarium in our town.
I want an aquarium in our town.

聞く　話す　読む　書く

第**5**回

つきたい職業について
重要表現まるっと整理

6-05

⭐ アプリを使って会話の練習をしましょう。80点以上になるように何度も練習しましょう。

トレーニング つきたい職業についての表現を練習しましょう。＿＿の部分をかえて練習しましょう。

♪ s09

☐① What do you want to be?　　あなたは何になりたいですか。

☐② I want to be a doctor.　　わたしは医者になりたいです。
　　　・a teacher　・a cook　・an astronaut

☐③ Why?　　なぜですか。　　　がんばって！

☐④ I want to help people.　　わたしは人びとを助けたいです。
　　・like children　・like cooking　・want to go into space

チャレンジ つきたい職業についての会話を練習しましょう。

♪ s10

What do you want to be?
I want to be a doctor.

Why?
I want to help people.

第6回

小学校での一番の思い出について

重要表現まるっと整理

6-06

⭐ アプリを使って会話の練習をしましょう。80点以上になるように何度も練習しましょう。

トレーニング 小学校での一番の思い出についての表現を練習しましょう。___の部分をかえて練習しましょう。

♪ s11

☐① What's your best memory?　　　　　　あなたの一番の思い出は何ですか。

☐② My best memory is our <u>sports day</u>.　　わたしの一番の思い出は運動会です。

　　　　　・field trip ・chorus contest ・school trip

☐③ What did you do?　　　　　　　　　　あなたは何をしましたか。

☐④ I <u>enjoyed running</u>.　　　　　　　　　わたしは走ることを楽しみました。

　・ate *obento* ・enjoyed singing ・saw many temples

チャレンジ 小学校での一番の思い出についての会話を練習しましょう。

♪ s12

What's your best memory?

My best memory is our sports day.

What did you do?

I enjoyed running.

 聞く
 話す
読む
書く

119

第**7**回

入りたい部活動について

重要表現まるっと整理

6-07

動画

⭐ アプリを使って会話の練習をしましょう。80点以上になるように何度も練習しましょう。

トレーニング　入りたい部活動についての表現を練習しましょう。___の部分をかえて練習しましょう。

♪ s13

☐① What club do you want to join?
あなたは何部に入りたいですか。

☐② I want to join the table tennis team.
わたしは卓球部に入りたいです。

・chorus　・science club　・cooking club

☐③ What school event do you want to enjoy?
あなたはどんな学校行事を楽しみたいですか。

☐④ I want to enjoy the school festival.
わたしは学園祭を楽しみたいです。

・chorus contest　・swimming meet　・drama festival

チャレンジ　入りたい部活動についての会話を練習しましょう。

♪ s14

What club do you want to join?

I want to join the table tennis team.

What school event do you want to enjoy?

I want to enjoy the school festival.

●勉強した日　　月　　日

実力判定テスト　夏休みのテスト

時間 20分

名前　　　　　　　　　　得点

/100点

教科書　14〜39 ページ　　答え　15 ページ

音声

聞く

1 音声を聞いて、ア、イ、ウのうち、絵の内容に合う文を選んで、（　）に記号を書きましょう。

1つ5点〔20点〕

♪ t29

(1)
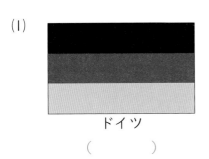
ドイツ

（　　　　）

(2)

（　　　　）

(3)

（　　　　）

(4)

（　　　　）

2 音声を聞いて、それぞれが1日の生活の中で行う動作とその時刻(じこく)を線で結びましょう。

1つ10点〔30点〕

♪ t30

(1)
　　　　　　　　 9：30

(2)
　　　　　　　　8：00

(3)
　　　　　　　　7：00

6 ユウコの自己紹介カードを見て、内容に合うように［　　　］から選んで、＿＿に英語を書きましょう。

1つ10点〔30点〕

Yuko

【自己紹介カード】
住んでいる所：大阪
好きな季節：冬
手伝っていること：いつも自分の部屋を
　　　　　　　　　　そうじする

(1) I ＿＿＿＿＿＿＿＿ in Osaka.

(2) I like ＿＿＿＿＿＿ .

(3) I always

＿＿＿＿＿＿＿＿＿＿＿ .

winter / like / clean the bath
live / clean my room / summer

実力判定テスト

夏休みのテスト

名前

得点

/50点

書く

読む

教科書　14〜39 ページ　答え　15 ページ

5　日本語の意味になるように ┊┄┊ から選んで、＿＿ に英語を書きましょう。文の最初にくる言葉は大文字で書き始めましょう。

1つ5点〔20点〕

(1) あなたはどこの出身ですか。

＿＿＿＿＿＿ are you from?

(2) [(1)に答えて]　わたしは中国(ちゅうごく)出身です。

I'm from ＿＿＿＿＿＿ .

(3) わたしは走ることが得意です。

I'm ＿＿＿＿＿＿ at running.

(4) 温泉(おんせん)を楽しむことができます。

You can ＿＿＿＿＿＿ hot springs.

China / enjoy / good / Korea / where

3 音声を聞いて、それぞれが家でしている手伝（てつだ）いと、それをどのくらいしているかを下から選んで、（　）に記号を書きましょう。

1つ10点〔30点〕

♪ t31

	名　前	家でしている手伝い	どのくらいしているか
(1)	Aya	（　　　）	（　　　）
(2)	Daiki	（　　　）	（　　　）
(3)	Kana	（　　　）	（　　　）

ア　いつも　　イ　ふだん　　ウ　ときどき
エ　ごみを出す　　オ　イヌの散歩をする
カ　皿をあらう　　キ　食卓（しょくたく）を片（かた）づける

4 ケンタが自分のことと日本の行事について英語で紹介（しょうかい）しています。音声を聞いて、その内容を（　）に日本語で書きましょう。

1つ4点〔20点〕

Kenta

♪ t32

	テーマ	答　え
(1)	出身国	（　　　　　　　　　　　　　）
(2)	得意なこと	（　　　　　　　　　　）こと
(3)	手伝っている家事	ときどき（　　　　　　　　　）
(4)	夏にある行事	（　　　　　　　　　　　　　）
(5)	(4)の行事でできること	（　　　　　　　　　　）こと

うら面の問題も解きましょう。

実力判定テスト

冬休みのテスト

時間 10分

5 日本語の意味になるように から選んで、 に英語を書きましょう。文の最初にくる言葉は大文字で書き始めましょう。

1つ5点〔20点〕

(1) パンダは何を食べますか。

What _____ pandas eat?

(2) 〔(1)に答えて〕 パンダは竹を食べます。

Pandas eat _____ .

(3) あなたはどこに行きたいですか。

_____ do you want to go?

(4) 〔(3)に答えて〕 わたしはインドに行きたいです。

I want to go to _____ .

Canada / where / do / bamboo / what / India

3 音声を聞いて、それぞれの演じている動物を線で結びましょう。

1つ5点〔20点〕

(1)

 ·

 ·

(2)

 ·

 ·

(3)

 ·

 ·

(4)

 ·

 ·

4 レオが自分の行きたい国について紹介しています。音声を聞いて、その内容を（ ）に日本語で書きましょう。

1つ10点〔30点〕

Leo

	テーマ	答 え
(1)	行きたい国	（　　　　　　　　　　　　　　）
(2)	(1)でできること	（　　　　　　　　　　　　　）こと
(3)	(1)でしたいこと	（　　　　　　　　　　　　　）こと

うら面の問題も解きましょう。

英語 6年 光村 ② オモテ

実力判定テスト

冬休みのテスト

時間 **20**分

名前

得点

/100点

🔊音声

教科書　44〜69 ページ　　答え　16 ページ　　🎧聞く

1 音声を聞いて、ア、イ、ウのうち、絵の内容に合う文を選んで、（　）に記号を書きましょう。

1つ5点〔20点〕

♪ t33

(1)

（　　　　）

(2)

（　　　　）

(3)

（　　　　）

(4)

イタリア

（　　　　）

2 音声を聞いて、それぞれが夏にしたこととその感想を線で結びましょう。

1つ10点〔30点〕

♪ t34

(1) Kenta

(2) Mika

(3) Haruto

6 ヨウタの夏休みについてのメモを見て、内容に合うように □┄┄□ から選んで、 ━━ に英語を書きましょう。

Yota

【夏休みについてのメモ】
行った場所：川
したこと：魚つりを楽しんだ
　　　　　新鮮な魚を食べた
感想：楽しかった

(1) I went to the

_____ .

(2) I _____ fishing.

I ate fresh fish.

(3) It was _____ .

watched / fun / river
enjoyed / beautiful / library

時間 **20**分

/100点

教科書　14〜97ページ　　答え　18ページ

1 質問とそれに対する答えの音声を聞いて、絵の内容に合う答えの文を、ア、イ、ウの3つの
うちから選んで、（　）に記号を書きましょう。

1つ5点〔20点〕

(1)

（　　　）

(2)

（　　　）

(3)

（　　　）

(4)

（　　　）

2 音声を聞いて、それぞれが中学校で入りたい部活動と勉強したい教科を線で結びましょう。

1つ10点〔30点〕

(1) Jun

(2) Saki

(3) Kota

6 ユキについてのメモを見て、内容に合うように ┆ ┆ から選んで、 ＿＿ に英語を書きましょう。

 Yuki

【メモ】
つきたい職業：看護師（かんごし）
その理由：人々を助けたいから
中学校でしたいこと：たくさんの友達（ともだち）を作りたい

(1) I want to be a

＿＿＿＿＿＿＿＿＿ .

(2) I want to ＿＿＿＿＿＿＿ people.

(3) I want to ＿＿＿＿＿＿＿ many friends in junior high school.

visit / make / see
help / doctor / nurse
florist

5 質問に合う答えの文を ┈┈ から選んで、 ─── に書きましょう。　　　　1 つ 5 点〔20点〕

⑴ Do you set the table?

⑵ Where are you from?

⑶ What time do you get up?

⑷ What do you want to be?

> It was fun. / I'm from Canada.
> I usually get up at 6:00.
> I want to be a musician.
> Yes, I do.

3 音声を聞いて、それぞれがつきたい職業とその理由を下から選んで、（　）に記号を書きましょう。

1つ10点〔20点〕

♪ t39

	名　前	つきたい職業	理由
(1)	Riku	（　　　）	（　　　）
(2)	Hiroko	（　　　）	（　　　）

ア　消防士　　イ　芸術家　　ウ　宇宙飛行士

エ　動物園の飼育員　　オ　農場主　　カ　動物が好きだから

キ　外国で働きたいから　　ク　宇宙に行きたいから

ケ　絵をかくことが好きだから

4 タクが思い出の行事について発表しています。音声を聞いてその内容を、（　）に日本語で書きましょう。

1つ10点〔30点〕

Taku

♪ t40

	テーマ	答　え
(1)	いちばんの思い出	（　　　　　　　　　　　）
(2)	(1)でしたこと	（　　　　　　　　　　　）
(3)	(2)の感想	（　　　　　　　　　　　）

うら面の問題も解きましょう。

⑲ 運動会

⑳ マラソン

㉑ 卒業式

㉒ エジプト

㉓ 韓国

㉔ イギリス

㉕ 花火

㉖ 祭り

㉗ 動物園

㉘ 町

fireworks

Egypt

marathon

festival

Korea

zoo

graduation ceremony

town

the U.K.

sports day

⑨  レスリング

⑩  デザート

⑪  カボチャ

⑫ 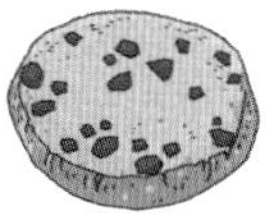 クッキー

⑬  海

⑭  太陽

⑮ 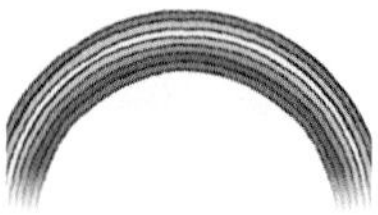 にじ

⑯  キリン

⑰  クジラ

⑱  アリ

cookie

ant

sun

pumpkin

wrestling

rainbow

dessert

giraffe

sea

whale

折り返し地点！
うら面もあるよ！

実力判定テスト

6年生の単語 **38** 語を書こう!

単語リレー

時間 **30**分

名前

単語カード **1** 〜 **156**　　答え **20** ページ

6年生のわくわく英語カードで覚えた単語のおさらいです。絵に合う単語を ┌┈┐ から選び、┌──┐ に書きましょう。

❶

お笑い芸人

❷

科学者

❸

作家

❹

めがね

❺

ラケット

❻

かさ

❼

ラグビー

❽

サーフィン

writer

racket

rugby

umbrella

surfing

scientist

glasses

comedian

㉙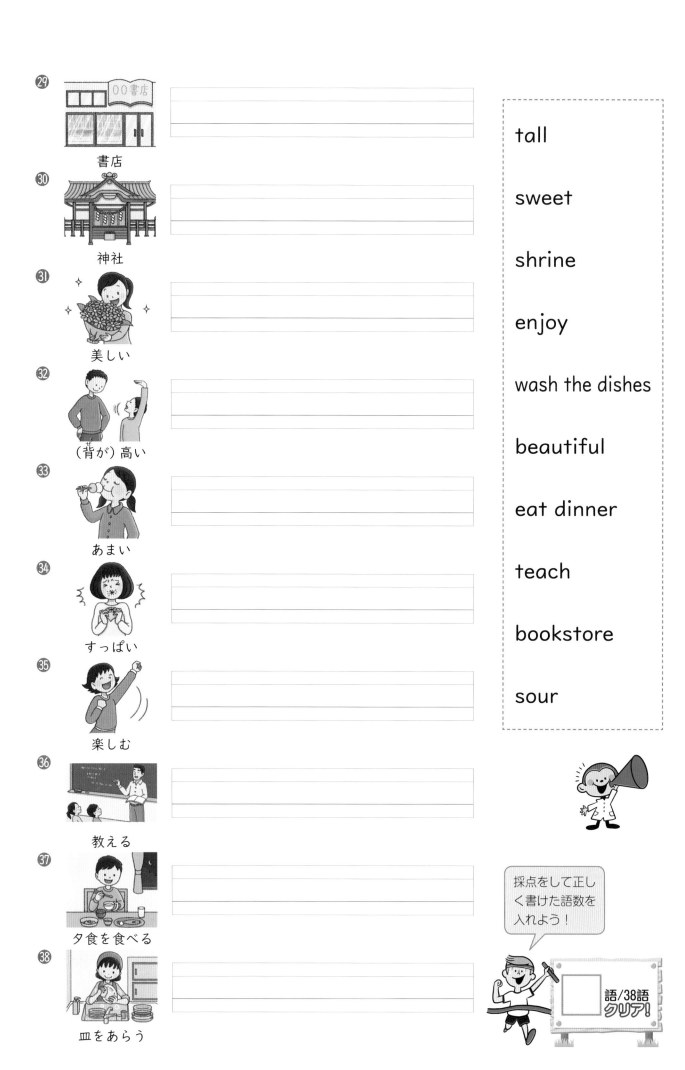
書店

㉚
神社

㉛
美しい

㉜
（背が）高い

㉝
あまい

㉞
すっぱい

㉟
楽しむ

㊱
教える

㊲
夕食を食べる

㊳
皿をあらう

tall

sweet

shrine

enjoy

wash the dishes

beautiful

eat dinner

teach

bookstore

sour

採点をして正しく書けた語数を入れよう！

語／38語
クリア！

教科書ワーク

答えとてびき

「答えとてびき」は、とりはずすことができます。

光村図書版

英語6年

使い方

まちがえた問題は、もう一度よく読んで、なぜまちがえたのかを考えましょう。音声を聞きなおして、あとに続いて言ってみましょう。

Unit 1

20ページ 聞いて練習のワーク

❶ (1)○ (2)× (3)○ (4)×

❷
	名 前	出身地	得意なこと
(1)	Satoru	日本	(走ること)
(2)	Anna	(ロシア)	料理をすること
(3)	Jack	(オーストラリア)	(歌うこと)

てびき
❶ (1) India「インド」
(2) France「フランス」
(3) the U.S.「アメリカ」
(4) Korea「韓国」
❷ 出身国を言うときは I'm from ~. (わたしは~出身です) を使います。I'm good at ~. は「わたしは~が得意です」という意味です。
(1) running「走ること」
(2) Russia「ロシア」
(3) Australia「オーストラリア」、singing「歌うこと」

📢 **読まれた英語**
❶ (1) India
(2) France
(3) the U.S.
(4) Korea
❷ (1) My name is Satoru. I'm from Japan.
　　I'm good at running.
(2) My name is Anna. I'm from Russia.
　　I'm good at cooking.

---

(3) My name is Jack. I'm from Australia.
　　I'm good at singing.

21ページ まとめのテスト

1 (1) live
(2) interested
(3) from

2 (1) I live in Tokyo.
(2) I'm good at swimming.

てびき
1 (1)「あなたはどこに住んでいますか」は Where do you live? と言います。
(2)「わたしは~に興味があります」は I'm interested in ~. と言います。
(3)「わたしは~出身です」は I'm from ~. と言います。
2 (1)「わたしは~に住んでいます」は I live in ~. と言います。Tokyo「東京」
(2)「わたしは~が得意です」は I'm good at ~. と言います。swimming「泳ぐこと」

Unit 2

聞いて練習のワーク

❶ (1) イ (2) エ (3) ウ

❷ (1)

31 ページ **まとめのテスト**

❶ (1) the Doll Festival

(2) fireworks festival

(3) shrine

(4) beautiful

❷ (1) What season do you like?

(2) You can enjoy a snow festival.

(3) It's exciting.

てびき ❶ I like ～. は「わたしは～が好きです」、In ～, we have …. は「～には、…があります」という意味です。
(1) summer「夏」、the Star Festival「七夕」
(2) fall「秋」、*tsukimi*「月見」
(3) spring「春」、Children's Day「こどもの日」
❷ In Japan, we have ～. は「日本には、～があります」、You can ～. は「～することができます」という意味です。
(1) some traditional foods「いくつかの伝統的な食べ物」、eat sushi「すしを食べる」
(2) a lot of castles「たくさんの城」、visit Himeji Castle in Hyogo「兵庫の姫路城を訪問する」
(3) a lot of summer festivals「たくさんの夏祭り」、enjoy Awa-*odori* in Tokushima「徳島のあわおどりを楽しむ」

てびき ❶ (1) the Doll Festival「ひな祭り」
(2) fireworks festival「花火大会」
(3) shrine「神社」
(4) beautiful「美しい」
❷ (1)「あなたはどの季節が好きですか」は What season do you like? と言います。
(2)「雪祭りを楽しむことができます」は You can enjoy a snow festival. と言います。
(3)「それはわくわくします」は It's exciting. と言います。

🔊 **読まれた英語**

❶ (1) I like summer.
   In summer, we have the Star Festival.
(2) I like fall.
   In fall, we have *tsukimi*.
(3) I like spring.
   In spring, we have Children's Day.
❷ (1) In Japan, we have some traditional foods.
   You can eat sushi.
(2) In Japan, we have a lot of castles.
   You can visit Himeji Castle in Hyogo.
(3) In Japan, we have a lot of summer festivals.
   You can enjoy Awa-*odori* in Tokushima.

  聞いて練習のワーク

❶ (1) ○　(2) ×　(3) ×　(4) ○

❷ (1)

7：00

(2)

6：00

(3)

8：30

 てびき

❶ I ~ at〈時刻〉. で「わたしは…時に~します」という意味です。at のあとの時刻に注意して聞きましょう。

(1) eat breakfast「朝食を食べる」、「7:00」seven

(2) go to bed「ねる」、「9:30」nine thirty

(3) watch TV「テレビを見る」、「12:00」twelve

(4) do my homework「宿題をする」、「5:30」five thirty

❷ What time do you ~? は「あなたは何時に~しますか」という意味です。答えるときは I ~ at〈時刻〉. と言います。

(1) get up「起きる」、「6:00」six

(2) eat dinner「夕食を食べる」、「7:00」seven

(3) take a bath「風呂に入る」、「8:30」eight thirty

📢 読まれた英語

❶ (1) I eat breakfast at 7:00.

(2) I go to bed at 9:30.

(3) I watch TV at 12:00.

(4) I do my homework at 5:30.

❷ (1) What time do you get up?
　　— I usually get up at 6:00.

(2) What time do you eat dinner?
　　— I usually eat dinner at 7:00.

(3) What time do you take a bath?
　　— I usually take a bath at 8:30.

---

❶ (1) eat lunch

(2) watch TV

(3) take a bath

(4) go to bed

(5) do my homework

❷ (1) What time do you get up?

(2) I usually get up at 7:00.

てびき

❶ (1) eat lunch「昼食を食べる」

(2) watch TV「テレビを見る」

(3) take a bath「風呂に入る」

(4) go to bed「ねる」

(5) do my homework「宿題をする」

❷ (1)「あなたは何時に~しますか」は What time do you ~? と言います。get up「起きる」

(2)「わたしはふだん ~時に起きます」は I usually get up at〈時刻〉. と言います。

42 ページ 聞いて練習のワーク

❶ (1)イ　(2)エ　(3)ウ　(4)ア
❷ (1)イ　(2)カ　(3)ウ　(4)オ

てびき　❶ (1) clear the table「食卓を片づける」
(2) clean the bath「風呂をそうじする」
(3) take out the garbage「ごみを出す」
(4) clean my room「部屋をそうじする」
❷ どのくらいするかを表す言葉はふつう、動作を表す言葉の前に置きます。
(1) usually「ふだん」、set the table「食卓を準備する」
(2) always「いつも」、wash the dishes「皿をあらう」
(3) sometimes「ときどき」、walk the dog「イヌの散歩をする」
(4) never「全く～ない」、cook dinner「夕食を作る」

📢 読まれた英語

❶ (1) clear the table
(2) clean the bath
(3) take out the garbage
(4) clean my room
❷ (1) My name is Noboru.
　　I usually set the table.
(2) My name is Aya.
　　I always wash the dishes.
(3) My name is Sayaka.
　　I sometimes walk the dog.
(4) My name is Jun.
　　I never cook dinner.

 43 ページ まとめのテスト

❶ (1) usually
(2) sometimes
(3) always
❷ (1) Do you clean the bath?
(2) Do you wash the dishes?

てびき　❶ (1) usually「ふだん」、walk the dog「イヌの散歩をする」
(2) sometimes「ときどき」、cook dinner「夕食を作る」
(3) always「いつも」、set the table「食卓を準備する」
❷ 「あなたは～しますか」は Do you ～? と言います。
(1) clean the bath「風呂をそうじする」
(2) wash the dishes「皿をあらう」

まとめ 世界の友達1

44〜45ページ プラスワーク

1 (1) ウ

(2) サッカー

(3) イ

2 (1) ぼうし

(2) イ、ウ

(3)

住んでいる国	（　　イ　　）
おすすめの食べもの	（　　エ　　）

てびき

1 (1) サラさんは I'm good at running.「わたしは走ることが得意です」と言っています。

(2) サラさんは I usually play soccer with my friends.「わたしはふだん友達とサッカーをします」と言っています。

(3) サラさんは This is my town, Male. We have beautiful beaches.「ここはわたしの町、マレです。美しい浜辺があります」と言っています。

2 (1) ノアさんは I want a new hat for my birthday.「わたしは誕生日に新しいぼうしがほしいです」と言っています。

(2) ノアさんは I like science and math.「わたしは理科と算数が好きです」と言っています。

(3) ノアさんは This is my country, the U.S. You can eat delicious hamburgers.「ここはわたしの国、アメリカです。とてもおいしいハンバーガーを食べることができます」と言っています。

📢 読まれた英語

1 Hi. I'm Sara.

I'm good at running.

I usually play soccer with my friends.

This is my town, Male. We have beautiful beaches.

2 Hello, I'm Noa.

I want a new hat for my birthday.

I like science and math.

This is my country, the U.S. You can eat delicious hamburgers.

❶ (1)○ (2)× (3)× (4)○

❷ (1)カ (2)ウ (3)キ (4)エ

てびき ❶ I went to 〜. は「わたしは〜に行きました」という意味です。

(1) aquarium「水族館」

(2) swimming pool「プール」

(3) department store「デパート」

(4) sea「海」

❷ 夏にしたことをたずねるときは What did you do in summer?（あなたは夏に何をしましたか）と言います。

したことの感想をたずねるときは How was it?（それはどうでしたか）と言います。

(1) enjoyed swimming「水泳を楽しんだ」

It was fun.「楽しかったです」

(2) ate fresh fish「新鮮な魚を食べた」

It was delicious.「とてもおいしかったです」

(3) saw fireworks「花火を見た」

It was exciting.「わくわくしました」

(4) played baseball「野球をした」

It was hot.「暑かったです」

📢 読まれた英語

❶ (1) I went to the aquarium.

(2) I went to the swimming pool.

(3) I went to the department store.

(4) I went to the sea.

❷ (1) Ken, what did you do in summer?

— I enjoyed swimming.

How was it? — It was fun.

(2) Yumi, what did you do in summer?

— I ate fresh fish.

How was it? — It was delicious.

(3) Taku, what did you do in summer?

— I saw fireworks.

How was it? — It was exciting.

(4) Aya, what did you do in summer?

— I played baseball.

How was it? — It was hot.

❶ (1) What (2) How

(3) was

❷ (1) I went to the river.

(2) I enjoyed hiking.

てびき ❶ (1)「あなたは夏に何をしましたか」は What did you do in summer? と言います。

(2)「それはどうでしたか」は How was it? と言います。

(3)「すばらしかったです」は It was wonderful. と言います。It is wonderful. は「すばらしいです」という意味です。

❷ (1)「わたしは〜に行きました」は I went to 〜. と言います。river「川」

(2)「わたしは〜を楽しみました」は I enjoyed 〜. と言います。hiking「ハイキング」

Unit 5

60ページ 聞いて練習のワーク

❶ (1) × (2) ○ (3) × (4) ○

❷ (1) クマ (2) シマウマ (3) ウミガメ

> **てびき**　**❶** (1) tiger「トラ」
> (2) giraffe「キリン」
> (3) fish「魚」
> (4) gorilla「ゴリラ」
> **❷** What do ～ eat? は「～ は何を食べますか」
> という意味です。答えるときは、～ eat ….(～
> は…を食べます) と言います。
> (1) bear (s)「クマ」
> (2) zebra (s)「シマウマ」
> (3) sea turtle (s)「ウミガメ」

📣 読まれた英語

❶ (1) tiger
　(2) giraffe
　(3) fish
　(4) gorilla

❷ (1) What do bears eat?
　　― Bears eat nuts.
　(2) What do lions eat?
　　― Lions eat zebras.
　(3) What do sea turtles eat?
　　― Sea turtles eat seaweed.

61ページ まとめのテスト

1 (1) トラ (2) 草 (3) フクロウ (4) カエル
(5) 竹

2 (1) What do penguins eat?

(2) Penguins eat fish.

> **てびき**　**1** (1) tiger「トラ」
> (2) grass「草」
> (3) owl「フクロウ」
> (4) frog「カエル」
> (5) bamboo「竹」
> **2** (1)「～は何を食べますか」は What do ～ eat?
> 　と言います。penguin (s)「ペンギン」
> (2)「～は…を食べます」は～ eat …. と言います。
> 　fish「魚」

❶ (1) ○　(2) ×　(3) ○　(4) ×

❷

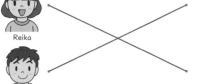

Reika

Nao

Suzu

てびき ❶ (1) mouth「口」

(2) river「川」

(3) elephant「ゾウ」

(4) eye「目」

❷ This is a quiz. は「これはクイズです」という意味です。I eat ～. は「わたしは～を食べます」、I have ～. は「わたしには～があります」、I'm on ～. は「わたしは～にいます」という意味です。Who am I? は「わたしはだれでしょう」と質問するときに使います。

(1) grass「草」、a long neck「長い首」

(2) tree「木」、two wings「2枚のつばさ」

(3) grasshoppers「バッタ」、a green body「緑の体」

📢 **読まれた英語**

❶ (1) mouth

(2) river

(3) elephant

(4) eye

❷ (1) Hi, I'm Reika. This is a quiz.

I eat grass. I have a long neck.

Who am I?

(2) Hi, I'm Nao. This is a quiz.

I'm on a tree. I have two wings.

Who am I?

(3) Hi, I'm Suzu. This is a quiz.

I eat grasshoppers. I have a green body.

Who am I?

1 (1) big　(2) live　(3) eat　(4) Who

2 (1) I eat fish.

(2) I have a white body.

(3) I live in the lake.

てびき **1** (1) 体の特徴を言うときは、I have ～.（わたしには～があります）と言います。small「小さい」、big「大きい」

(2) 暮らしている場所を言うときは、I live in ～.（わたしは～に暮らしています）と言います。desert「砂漠」

(3) 食べるものを言うときは、I eat ～.（わたしは～を食べます）と言います。leaves「葉」

(4)「わたしはだれでしょう」は Who am I? と言います。

2 (1) 食べるものを言うときは、I eat ～.（わたしは～を食べます）と言います。fish「魚」

(2) 体の特徴を言うときは、I have ～.（わたしには～があります）と言います。a white body「白い体」

(3) 暮らしている場所を言うときは、I live in ～.（わたしは～に暮らしています）と言います。lake「湖」

Unit 6

聞いて練習のワーク

❶ (1) ア (2) ウ (3) イ (4) エ
❷ (1) イタリア (2) とてもおいしいピザ
(3) ローマ

てびき
❶ What country is this? は「これは何という国ですか」という意味です。It's ～.（それは～です）と国の名前を答えます。
(1) China「中国」
(2) Japan「日本」
(3) the U.S.「アメリカ」
(4) Brazil「ブラジル」
❷ (1) Where do you want to go? は「あなたはどこに行きたいですか」という意味です。答えるときは I want to go to ～.（わたしは～に行きたいです）と言います。Italy「イタリア」
(2) Why? は「なぜですか」という意味です。I want to ～. は「わたしは～したいです」という意味です。eat delicious pizza「とてもおいしいピザを食べる」
(3) In ～, you can ….. は「～では，…することができます」という意味です。visit Rome「ローマをおとずれる」

📢 **読まれた英語**
❶ (1) What country is this?
— It's China.
(2) What country is this?
— It's Japan.
(3) What country is this?
— It's the U.S.
(4) What country is this?
— It's Brazil.
❷ (1) Where do you want to go?
— I want to go to Italy.
(2) Why?
— I want to eat delicious pizza.
(3) In Italy, you can visit Rome.

まとめのテスト

❶ (1) want to (2) Why

(3) beautiful

❷ (1) Where do you want to go?

(2) I want to go to France.

てびき
❶ (1)「わたしは～に行きたいです」は I want to go to ～. と言います。Canada「カナダ」
(2)「なぜですか」は Why? と言います。
(3)「～では，…することができます」は In ～, you can ….. と言います。see the beautiful auroras「美しいオーロラを見る」
❷ (1)(2)「あなたはどこに行きたいですか」は Where do you want to go? と言います。答えるときは I want to go to ～.（わたしは～に行きたいです）と言います。France「フランス」

80〜81ページ プラスワーク

1. (1) イ　(2) ア、エ　(3) 動物
2. (1) わくわくした　(2) 祭り　(3) 魚つり

てびき

1 (1) アキはニランさんに What did you do last Saturday?「あなたはこの前の土曜日に何をしましたか」とたずねています。ニランさんは I practiced soccer.「わたしはサッカーを練習しました」と答えています。

(2) アキはニランさんに You want to go to Brazil.「あなたはブラジルに行きたいのですね」と言っています。ニランさんは Yes.「はい」と答え、And I want to go to Australia, too.「そしてわたしはオーストラリアにも行きたいです」と続けています。

(3) ニランさんは I want to see many animals.「わたしはたくさんの動物を見たいです」と言っています。

2 (1) リョウはカルラさんに Carla, what did you do last Saturday?「カルラ、あなたはこの前の土曜日に何をしましたか」とたずねています。カルラさんは I went to the stadium. I watched a baseball game. It was exciting.「わたしはスタジアムに行きました。わたしは野球の試合を見ました。わくわくしました」と答えています。

(2) リョウは What season do you like?「あなたはどの季節が好きですか」とたずねています。カルラさんは I like summer. In summer, you can enjoy a famous festival.「わたしは夏が好きです。夏には、有名な祭りを楽しむことができます」と答えています。

(3) リョウは OK, what do you want to do in your summer vacation?「それでは、あなたは夏休みに何をしたいですか」とたずねています。カルラさんは I want to go fishing. I like fishing. It's fun.「わたしは魚つりに行きたいです。わたしは魚つりが好きです。楽しいです」と答えています。

読まれた英語

1
Aki : Hi, Niran.
Niran : Hi, Aki. How are you?
Aki : I'm good. What did you do last Saturday?
Niran : I practiced soccer. It was fun.
Aki : Oh, can you play soccer?
Niran : Yes. I want to play soccer in Brazil.
Aki : I see. You want to go to Brazil.
Niran : Yes. And I want to go to Australia, too. I want to see many animals.

2
Ryo : Hello, Carla. How are you?
Carla : Hi, Ryo. I'm good.
Ryo : Today, I have some questions. Carla, what did you do last Saturday?
Carla : I went to the stadium. I watched a baseball game. It was exciting.
Ryo : Sounds good. OK, next question. What season do you like?
Carla : I like summer. In summer, we can enjoy a famous festival.
Ryo : Oh, I want to enjoy the festival, too. OK, what do you want to do in your summer vacation?
Carla : I want to go fishing. I like fishing. It's fun.
Ryo : I see. Thank you, Carla.

Unit 7

❶ (1) ○   (2) ×   (3) ×   (4) ○

❷

	名 前	入りたい部活動	勉強したい教科
(1)	Haru	（ ウ ）	（ オ ）
(2)	Saki	（ ア ）	（ カ ）
(3)	Ryo	（ イ ）	（ エ ）

てびき ❶ 勉強したい教科を言うときは I want to study 〜.（わたしは〜を勉強したいです）と言います。

(1) arts and crafts「図画工作」

(2) English「英語」

(3) home economics「家庭科」

(4) science「理科」

❷ What club do you want to join? は「あなたは何の部活動に入りたいですか」という意味です。答えるときは、I want to join 〜.（わたしは〜に入りたいです）と言います。I want to study 〜. は「わたしは〜を勉強したいです」という意味です。

(1) basketball team「バスケットボール部」
calligraphy「書写」

(2) *kendo* club「剣道部」
social studies「社会科」

(3) brass band「ブラスバンド部」
moral education「道徳」

🔊 **読まれた英語**

❶ (1) I want to study arts and crafts.

(2) I want to study English.

(3) I want to study home economics.

(4) I want to study science.

❷ (1) Haru, what club do you want to join?
— I want to join the basketball team.
I see. What do you want to study?
— I want to study calligraphy.

(2) Saki, what club do you want to join?
— I want to join the *kendo* club.
That's nice. What do you want to study?
— I want to study social studies.

(3) Ryo, what club do you want to join?
— I want to join the brass band.
I see. What do you want to study?
— I want to study moral education.

❶ (1) newspaper club

(2) track team

(3) science club

(4) drama club

❷ (1) What do you want to study?

(2) I want to study social studies.

(3) I want to join the art club.

てびき ❶ (1) newspaper club「新聞部」

(2) track team「陸上部」

(3) science club「科学部」

(4) drama club「演劇部」

❷ (1)(2)「あなたは何を勉強したいですか」は What do you want to study? と言います。答えるときは、I want to study 〜.（わたしは〜を勉強したいです）と言います。
social studies「社会科」

(3)「わたしは〜に入りたいです」は I want to join 〜. と言います。art club「美術部」

11

98ページ 聞いて練習のワーク

❶ (1) ×　(2) ○　(3) ×　(4) ○

❷

	名　前	つきたい職業	理　由
(1)	Saori	（ ア ）	（ カ ）
(2)	Sam	（ ウ ）	（ オ ）
(3)	Linda	（ イ ）	（ エ ）

❶ (1) teacher「先生」
(2) artist「芸術家」
(3) zookeeper「動物園の飼育員」
(4) florist「生花店の店主」

❷ What do you want to be? は「あなたは何に
なりたいですか」という意味です。答えるとき
は I want to be 〜.（わたしは〜になりたいで
す）と言います。
Why? は「なぜですか」という意味で、理由を
たずねるときに使います。I want to 〜.（わた
しは〜したいです）や I like 〜.（わたしは〜が
好きです）などを使って理由を言います。
(1) firefighter「消防士」、help people「人々を助
ける」
(2) designer「デザイナー」、design shoes「靴を
デザインする」
(3) astronaut「宇宙飛行士」、go to space「宇
宙に行く」

📢 読まれた英語

❶ (1) teacher　　(2) artist
(3) zookeeper　(4) florist
❷ (1) Saori, what do you want to be?
　　 — I want to be a firefighter.
　　 Why?
　　 — I want to help people.
(2) Sam, what do you want to be?
　　 — I want to be a designer.
　　 Why?
　　 — I want to design shoes.
(3) Linda, what do you want to be?
　　 — I want to be an astronaut.
　　 Why?
　　 — I want to go to space.

99ページ まとめのテスト

❶ (1) What　(2) vet

(3) Why　(4) like

❷ (1) I want to be a journalist.

(2) I want to work abroad.

(3) I like children.

❶ (1)(2)「あなたは何になりたいですか」
は What do you want to be? と言います。答
えるときは I want to be 〜.（わたしは〜に
なりたいです）と言います。vet「獣医」
(3)(4)「なぜですか」は Why? と言います。「わた
しは〜が好きです」は I like 〜. と言います。
animal(s)「動物」
❷ (1)「わたしは〜になりたいです」は I want to
be 〜. と言います。journalist「ジャーナリ
スト」
(2)「わたしは〜したいです」は I want to 〜. と
言います。work abroad「外国で働く」
(3)「わたしは〜が好きです」は I like 〜. と言い
ます。children「子供たち」

106ページ 聞いて練習のワーク

❶ (1)○ (2)○ (3)× (4)×

❷
	名前	いちばんの思い出	そのときにしたこと
(1)	Jun	(イ)	(エ)
(2)	Sayaka	(ア)	(カ)
(3)	Noboru	(ウ)	(オ)

てびき ❶ (1) entrance ceremony「入学式」
(2) drama festival「学芸会」
(3) volunteer day「ボランティアの日」
(4) field trip「遠足、社会科見学」
❷ What's your best memory? は「あなたのいちばんの思い出は何ですか」という意味です。答えるときは My best memory is our ～. (わたしのいちばんの思い出は～です) と言います。we は「わたしたちは」という意味です。
(1) school trip「修学旅行」、visited a temple「寺をおとずれた」
(2) sports day「運動会」、played volleyball「バレーボールをした」
(3) music festival「音楽祭」、sang songs「歌を歌った」

🔊 読まれた英語

❶ (1) entrance ceremony
(2) drama festival
(3) volunteer day
(4) field trip
❷ (1) Jun, what's your best memory?
— My best memory is our school trip.
We visited a temple.
(2) Sayaka, what's your best memory?
— My best memory is our sports day.
We played volleyball.
(3) Noboru, what's your best memory?
— My best memory is our music festival.
We sang songs.

107ページ まとめのテスト

❶ (1) entrance ceremony
(2) volunteer day
(3) swimming meet
(4) graduation ceremony

❷ (1) What's (2) field trip
(3) fun

てびき ❶ (1) entrance ceremony「入学式」
(2) volunteer day「ボランティアの日」
(3) swimming meet「水泳競技会」
(4) graduation ceremony「卒業式」
❷ (1)「あなたのいちばんの思い出は何ですか」は What's your best memory? と言います。
(2)「わたしのいちばんの思い出は～です」は My best memory is our ～. と言います。field trip「遠足、社会科見学」
(3)「楽しかったです」は It was fun. と言います。

まとめ 世界の友達3

108~109 ページ **プラスワーク**

1 (1) ウ (2) イ
　(3) 先生

2 (1) ドイツ (2) ウ (3) イ

> **てびき**
>
> **1** (1) ユナさんは I like English.「わたしは英語が好きです」と書いています。
>
> (2) ユナさんは I want to read many books.「わたしはたくさんの本を読みたいです」と書いています。
>
> (3) ユナさんは I want to be a teacher.「わたしは先生になりたいです」と書いています。
>
> **2** (1) レオンさんは I'm Leon from Germany.「わたしはドイツ出身のレオンです」と書いています。
>
> (2) レオンさんは I want to eat delicious spaghetti.「わたしはとてもおいしいスパゲッティを食べたいです」と書いています。
>
> (3) レオンさんは I want to visit Rome.「わたしはローマをおとずれたいです」と書いています。

読まれた英語

1 Hello. I'm Yuna from Korea. I like English. I want to read many books. I want to be a teacher.

2 Hello. I'm Leon from Germany. I want to go to Italy in the future. I want to eat delicious spaghetti. I want to visit Rome.

110~111 ページ **リーディングレッスン**

(1) イ
(2) 水
(3) 家

> **てびき**
>
> (1) 最初の文でハチドリは、I don't want to go.「わたしは行きたくありません」と言っています。
>
> (2) 3文目でハチドリは、I can drop water on the fire.「わたしは火の上に水を落とすことができます」と言っています。
>
> (3) 5文目でハチドリは、This is our home.「ここはわたしたちの家です」と言っています。ハチドリたちは森にいるので、「ここ」とは森のことをさします。

14

夏休みのテスト

1 (1)ウ　(2)イ　(3)ア　(4)ウ

2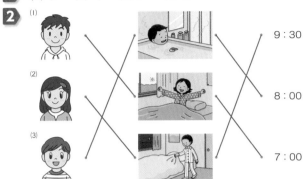

(1)
(2)
(3)
9：30
8：00
7：00

3

	名　前	家でしている手伝い	どのくらいしているか
(1)	Aya	（　キ　）	（　イ　）
(2)	Daiki	（　カ　）	（　ウ　）
(3)	Kana	（　オ　）	（　ア　）

4 (1) 日本
(2) 歌う
(3) 夕食を作る
(4) 夏祭り
(5) (美しい) 花火を見る

5 (1) Where　(2) China
(3) good　(4) enjoy

6 (1) live
(2) winter
(3) clean my room

てびき

1 (1) I'm from 〜. は「わたしは〜出身です」という意味です。
ア Australia「オーストラリア」
イ India「インド」
ウ Germany「ドイツ」
(2) I'm good at 〜. は「わたしは〜が得意です」という意味です。
ア fishing「魚つり」
イ swimming「泳ぐこと、水泳」
ウ playing soccer「サッカーをすること」
(3) In 〜, we have …. は「〜には、…があります」という意味で

す」という意味です。
ア summer「夏」、the Star Festival「七夕」
イ fall「秋」、tsukimi「月見」
ウ spring「春」、Children's Day「こどもの日」
(4) I'm interested in 〜. は「わたしは〜に興味があります」という意味です。
ア Japanese art「日本の美術」
イ Japanese sweets「日本の菓子」
ウ Japanese food「日本の食べ物」

2 (1) What time do you get up? は「あなたは何時に起きますか」、I usually get up at 7:00. は「わたしはふだん7時に起きます」という意味です。
(2) What time do you go to bed? は「あなたは何時にねますか」、I usually go to bed at 9:30. は「わたしはふだん9時30分にねます」という意味です。
(3) What time do you take a bath? は「あなたは何時に風呂に入りますか」、I usually take a bath at 8:00. は「わたしはふだん8時に風呂に入ります」という意味です。

3 Do you 〜? は「あなたは〜しますか」という意味です。Yes, I do. (はい、します) や No, I don't. (いいえ、しません) で答えます。
(1) clear the table「食卓を片づける」、usually「ふだん」
(2) wash the dishes「皿をあらう」、sometimes「ときどき」
(3) walk the dog「イヌの散歩をする」、always「いつも」

4 I'm from 〜. は「わたしは〜出身です」という意味です。I'm good at 〜. は「わたしは〜が得意です」という意味です。In 〜, we have …. は「〜には、…があります」、You can 〜. は「〜することができます」という意味です。Japan「日本」、singing「歌うこと」、sometimes「ときどき」、cook dinner「夕食を作る」、summer「夏」、a summer festival「夏祭り」、see beautiful fireworks「美しい花火を見る」

5 (1)「あなたはどこの出身ですか」は Where are you from? と言います。
(2)「わたしは〜出身です」は I'm from 〜. と言います。China「中国」
(3)「わたしは〜が得意です」は I'm good at 〜.

と言います。running「走ること」

(4)「温泉を楽しむ」は enjoy hot springs と言います。You can ~. は「~することができます」という意味です。

6 (1)「わたしは~に住んでいます」は I live in ~. と言います。

(2)「わたしは~が好きです」は I like ~. と言います。winter「冬」

(3)「自分の部屋をそうじする」は clean my room と言います。

📣 **読まれた英語**

1 (1) ア I'm from Australia.
　　イ I'm from India.
　　ウ I'm from Germany.

(2) ア I'm good at fishing.
　　イ I'm good at swimming.
　　ウ I'm good at playing soccer.

(3) ア In summer, we have the Star Festival.
　　イ In fall, we have *tsukimi*.
　　ウ In spring, we have Children's Day.

(4) ア I'm interested in Japanese art.
　　イ I'm interested in Japanese sweets.
　　ウ I'm interested in Japanese food.

2 (1) What time do you get up?
　　 — I usually get up at 7:00.

(2) What time do you go to bed?
　　 — I usually go to bed at 9:30.

(3) What time do you take a bath?
　　 — I usually take a bath at 8:00.

3 (1) Do you clear the table, Aya?
　　 — Yes, I do. I usually clear the table.

(2) Do you wash the dishes, Daiki?
　　 — Yes, I do. I sometimes wash the dishes.

(3) Do you walk the dog, Kana?
　　 — Yes, I do. I always walk the dog.

4 Hi, my name is Kenta. I'm from Japan.
I'm good at singing.
I sometimes cook dinner.
In summer, we have a summer festival.
You can see beautiful fireworks.

冬休みのテスト

1 (1) イ　(2) ウ　(3) ア　(4) ウ

2
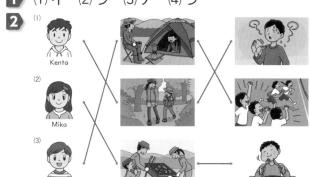

3

4 (1) アメリカ
(2) ハンバーガーを食べる
(3) 野球の試合を見る

5 (1) do　(2) bamboo
(3) Where　(4) India

6 (1) river
(2) enjoyed
(3) fun

---

 1 (1) ア watch TV「テレビを見る」
イ drink water「水を飲む」
ウ see the mountain「山を見る」

(2) I like ~. は「わたしは~が好きです」という意味です。
ア tiger(s)「トラ」
イ sea turtle(s)「ウミガメ」
ウ owl(s)「フクロウ」

(3) I went to ~. は「わたしは~に行きました」

という意味です。

ア sea「海」

イ mountain「山」

ウ park「公園」

(4) I want to go to ～. は「わたしは～に行きたいです」という意味です。

ア Peru「ペルー」

イ the U.S.「アメリカ」

ウ Italy「イタリア」

2 What did you do in summer? は「あなたは夏に何をしましたか」、I enjoyed ～. は「わたしは～を楽しみました」という意味です。How was it? は「それはどうでしたか」という意味です。It was ～.「～でした」で答えます。

(1) hiking「ハイキング」、hot「暑い、熱い」

(2) barbecue「バーベキュー」、a lot of meat「たくさんの肉」、delicious「とてもおいしい」

(3) camping「キャンプ」、exciting「わくわくさせる」

3 I live in[on] ～. は「わたしは～に暮らしています」という意味です。I eat ～. は「わたしは～を食べます」という意味です。I have ～. は「わたしには～があります」という意味です。Who am I? は「わたしはだれでしょう」という意味です。

(1) rain forest「熱帯雨林」、grasshopper(s)「バッタ」、a green body「緑の体」

(2) savanna「サバンナ」、leaves「葉」、a long neck「長い首」

(3) Africa「アフリカ」、grass「草」、a big body「大きい体」、a long nose「長い鼻」

(4) ice「氷」、fish「魚」、two wings「2つのつばさ」

4 I want to go to ～. は「わたしは～に行きたいです」という意味です。In ～, you can …. は「～では、…することができます」という意味です。I want to ～. は「わたしは～したいです」という意味です。the U.S.「アメリカ」、eat hamburgers「ハンバーガーを食べる」、see a baseball game「野球の試合を見る」

5 (1)(2)「～は何を食べますか」は What do ～ eat? と言います。答えるときは、～ eat …. (～は…を食べます) と言います。bamboo「竹」

(3)「あなたはどこに行きたいですか」は Where do you want to go? と言います。

(4)「わたしは～に行きたいです」は I want to go to ～. と言います。India「インド」

6 (1)「わたしは～に行きました」は I went to ～. と言います。river「川」

(2)「わたしは～を楽しみました」は I enjoyed ～. と言います。fishing「魚つり」

(3)「～でした」は It was ～. と言います。fun「楽しい」

📢 **読まれた英語**

1 (1) ア I watch TV.

イ I drink water.

ウ I see the mountain.

(2) ア I like tigers.

イ I like sea turtles.

ウ I like owls.

(3) ア I went to the sea.

イ I went to the mountain.

ウ I went to the park.

(4) ア I want to go to Peru.

イ I want to go to the U.S.

ウ I want to go to Italy.

2 (1) What did you do in summer, Kenta?

— I enjoyed hiking.

How was it?

— It was hot.

(2) What did you do in summer, Mika?

— I enjoyed a barbecue. I ate a lot of meat.

How was it?

— It was delicious.

(3) What did you do in summer, Haruto?

— I enjoyed camping.

How was it?

— It was exciting.

3 (1) I live in the rain forest. I eat grasshoppers. I have a green body. Who am I?

(2) I live in the savanna. I eat leaves. I have a long neck. Who am I?

(3) I live in Africa. I eat grass. I have a big body and a long nose. Who am I?

(4) I live on the ice. I eat fish. I have two wings. Who am I?

4 Hi, I'm Leo. I want to go to the U.S. In the U.S., you can eat hamburgers. I want to see a baseball game.

学年末のテスト

1 (1) ア　(2) ウ　(3) イ　(4) イ

2 (1)

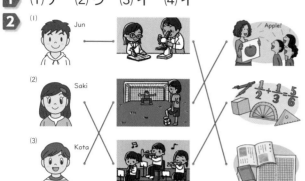

3

	名　前	つきたい職業	理由
(1)	Riku	（　イ　）	（　ケ　）
(2)	Hiroko	（　エ　）	（　カ　）

4 (1) 音楽祭

(2) 歌を歌った

(3) すばらしかった

5 (1) Yes, I do.

(2) I'm from Canada.

(3) I usually get up at 6:00.

(4) I want to be a musician.

6 (1) nurse　　(2) help

(3) make

てびき

1 (1) What do you have in spring? は「春には何がありますか」という意味です。答えるときは We have ~.（~があります）と言います。

ア the Doll Festival「ひな祭り」

イ tsukimi「月見」

ウ snow festival(s)「雪祭り」

(2) What's your best memory? は「あなたのいちばんの思い出は何ですか」という意味です。答えるときは My best memory is ~.（わたしのいちばんの思い出は~です）と言います。

ア field trip「遠足、社会科見学」

イ drama festival「学芸会」

ウ sports day「運動会」

(3) What do you want to be? は「あなたは何に

なりたいですか」という意味です。答えるときは I want to be ~.（わたしは~になりたいです）と言います。

ア vet「獣医」

イ chef「コック、料理人」

ウ teacher「先生」

(4) What do you want to study? は「あなたは何を勉強したいですか」という意味です。答えるときは I want to study ~.（わたしは~を勉強したいです）と言います。

ア English「英語」

イ social studies「社会科」

ウ science「理科」

2 What club do you want to join? は「あなたは何の部活動に入りたいですか」という意味です。答えるときは I want to join ~.（わたしは~に入りたいです）と言います。

What do you want to study? は「あなたは何を勉強したいですか」という意味です。答えるときは I want to study ~.（わたしは~を勉強したいです）と言います。

(1) science club「科学部」、study Japanese「国語を勉強する」

(2) brass band「ブラスバンド部」、study math「数学を勉強する」

(3) soccer team「サッカー部」、study English「英語を勉強する」

3 What do you want to be? は「あなたは何になりたいですか」という意味です。答えるときは I want to be ~.（わたしは~になりたいです）と言います。Why? は「なぜ」という意味です。I like ~.（わたしは~が好きです）などと答えます。

(1) artist「芸術家」、like drawing pictures「絵をかくことが好き」

(2) zookeeper「動物園の飼育員」、like animals「動物が好き」

4 My best memory is ~. は「わたしのいちばんの思い出は~です」という意味です。It was ~. は「~でした」と感想などを言うときに使います。music festival「音楽祭」、sang songs「歌を歌った」、great「すばらしい、すごい」

5 (1) Do you set the table? は「あなたは食卓を準備しますか」という意味です。Yes, I do.（はい、します）や No, I don't.（いいえ、しません）で答えます。

(2) Where are you from? は「あなたはどこの出

身ですか」という意味です。I'm from ～.（わたしは～出身です）で答えます。Canada「カナダ」

(3) What time do you get up? は「あなたは何時に起きますか」という意味です。I usually get up at ～.（わたしはふだん～時に起きます）などと答えます。

(4) What do you want to be? は「あなたは何になりたいですか」という意味です。I want to be ～.（わたしは～になりたいです）で答えます。musician「音楽家」

6 (1)「わたしは～になりたいです」は I want to be ～. と言います。nurse「看護師_{かんごし}」

(2)(3)「わたしは～したいです」は I want to ～. と言います。help people「人々を助ける」、make many friends「たくさんの友達_{ともだち}を作る」

🔊 **読まれた英語**

1 (1) What do you have in spring?
　　ア We have the Doll Festival.
　　イ We have *tsukimi*.
　　ウ We have snow festivals.

(2) What's your best memory?
　　ア My best memory is our field trip.
　　イ My best memory is our drama festival.
　　ウ My best memory is our sports day.

(3) What do you want to be?
　　ア I want to be a vet.
　　イ I want to be a chef.
　　ウ I want to be a teacher.

(4) What do you want to study?
　　ア I want to study English.
　　イ I want to study social studies.
　　ウ I want to study science.

2 (1) What club do you want to join, Jun?
　　— I want to join the science club.
　　I see.　What do you want to study?
　　— I want to study Japanese.

(2) What club do you want to join, Saki?
　　— I want to join the brass band.
　　That's nice.　What do you want to study?
　　— I want to study math.

(3) What club do you want to join, Kota?
　　— I want to join the soccer team.
　　I see.　What do you want to study?

— I want to study English.

3 (1) What do you want to be, Riku?
　　— I want to be an artist.
　　Why?
　　— I like drawing pictures.

(2) What do you want to be, Hiroko?
　　— I want to be a zookeeper.
　　Why?
　　— I like animals.

4 Hello.　My name is Taku.
My best memory is our music festival.
We sang songs.
It was great.

単語リレー

① comedian ② scientist

③ writer ④ glasses

⑤ racket ⑥ umbrella

⑦ rugby ⑧ surfing

⑨ wrestling ⑩ dessert

⑪ pumpkin ⑫ cookie

⑬ sea ⑭ sun

⑮ rainbow ⑯ giraffe

⑰ whale ⑱ ant

⑲ sports day ⑳ marathon

㉑ graduation ceremony

㉒ Egypt ㉓ Korea

㉔ the U.K. ㉕ fireworks

㉖ festival ㉗ zoo

㉘ town ㉙ bookstore

㉚ shrine ㉛ beautiful

㉜ tall ㉝ sweet

㉞ sour ㉟ enjoy

㊱ teach

㊲ eat dinner

㊳ wash the dishes

3 2 1 0 9 8 7 6 5 4
* * D C B A